Meer und Traum

Das Meer
im naturmystischen Weltbild

Wolf E. Matzker

Autor: Wolf E. Matzker
Geschrieben: Von 2015 bis 2019
Herstellung und Verlag: Books on Demand, Norderstedt
ISBN: 9 783749 450855

Meer und Traum

Das Meer
im naturmystischen Weltbild

Wolf E. Matzker

Inhaltsverzeichnis:

Der Traum vom Meer
Visionärer Text zwischen den Kapiteln, kann auch in einem Stück gelesen werden.

Der Traum vom Meer

Schon seit seiner Kindheit träumte er vom Meer.

Von einem anderen Meer, einem warmen und lichten, einem reinen und schönen Meer.

Das Meer, das er kannte, war nicht schön. Es war grau und grün und kalt. Er kannte den Schlick und die grünen Algen auf den Steinen. Wenn er übers Meer blickte, dann sah er einen rot-weißen Leuchtturm, das war ein Versprechen. Er sah eine Erhöhung, irgendeinen Hügel am Horizont. Ob es dort anders war?

Das Wasser in den Kanälen seiner Heinmatstadt war dunkel und braun. Er verstand das nicht politisch, doch er wusste, dass man das auch politisch verstehen konnte. Vergangenheit war für ihn dunkel und braun. Zukunft war licht und blau. Er dachte in Farben. Farben waren Gedanken. In den Kanälen war irgendwie nichts. Wie schwarze, wässrige Löcher, in denen alles Schwere versank. Man konnte Steine oder altes Eisen hineinwerfen. Es ging schnell unter und man sah nichts mehr.

Er träumte von einem Meer, wo man alles sehen konnte. Den Meeresgrund. Er träumte von einem durchscheinenden Meer. Manche nennen es „transparent". So richtig gut fand er das fremde Wort nicht. Er hatte Transparentpapier. Fürs Durchpausen von Figuren, Zeichen und Symbolen brauchte er das. Aber es war nur halb durchscheinend, nicht durchsichtig wie Glas.

Durchscheinend. Man sieht hindurch in eine andere Welt.

Er träumte von Türkis und Wärme. Das Meer seiner Heimat war grau und kalt. Es war immer kalt, für ihn war es immer kalt. Er war kein guter Schwimmer, denn für ihn war es immer zu kalt. Er fror meistens. Im Marinebad war es durchscheinend, auch türkis, aber eben kalt, zu kalt für ihn. Man sollte in der Schule auf Geschwindigkeit schwimmen. Wozu eigentlich? Er fand es idiotisch, machte nur halb mit oder auch gar nicht, denn ihm war kalt. Er träumte von einem warmen und trockenen Meer. Gibt es ein trockenes Meer?

Er träumte auch von einem lieblichen Meer, das nicht bedrohlich war, keine Sturmflut brachte und die Deiche brechen ließ wie 1962. Er hatte es erlebt, gesehen und später Zeitungsartikel gesammelt, Fotos von gebrochenen Deichen und Menschen, die auf den Dächern saßen. Wo ist seine Sammlung geblieben? Verschwunden, wie so vieles im Leben verschwindet. Alles verschwindet im Meer des Vergessens. Gibt es ein Meer der Erinnerung, das alles bewahrt und behütet?

Im Radio hörte er das Lied LA MER, gesungen von Charles Trenet. Und manchmal hörte er Lale Andersens Version, DAS MEER. Dieselbe Melodie, aber ein anderer Text, ein anderer Traum.

> Das Meer!
> Nichts lieb ich so wie dich,
> endloses Meer.
> Es kann so zärtlich sein
> das Meer,
> und so voll Kraft, voll Begehren.
> Das Meer,
> lockt es im Sommerblau dich zu sich her,
> singt dir ein Liebeslied
> das Meer.
> Versuche nicht, dich zu wehren.
>
> Schau her!
> So weit das Auge reicht grüßt dich
> das Meer.
> Schau her!
> Flüssigem Golde gleich fließt es daher.
> Das Meer,
> es singt sein Abendlied, bist du dann müd',
> singt deine Welt in Schlaf
> das Meer.
> Es wacht allein in Ewigkeiten.

Aber wichtiger als Melodie und Text sind die Stimme, der Traum. Der französische Sänger und die deutsche Sängerin. Zwei unterschiedliche Träume. Vielleicht ist Lale Andersens Lied inniger und romantischer, aber wer will die Gefühle in Worte fassen? Charles Trenet hat seine Beobachtungen besungen, Lale Andersen eher ihre romantischen Träume.

Seit wann träumte er vom Mittelmeer? Er wusste es nicht.

Seine Eltern waren mit ihm und seinem Bruder ans Mittelmeer gefahren. Damals, als die Deutschen ihre ersten langen Autoreisen unternahmen. Heute fliegen sie überall hin, und finden am Ende doch nichts, weil sie schon alles im Fernsehen gesehen haben. Damals gab es noch ganz andere Welten. Frankreich war noch Frankreich. Das Meer war nicht überfischt und die Küsten nicht überbesiedelt.

Das Mittelmeer war und ist anders als die Nordsee. Der Gegensatz kann kaum größer sein. Er hatte eine große Herzmuschel. Selbst gefunden oder geschenkt? Später fand er im Süden eine Reihe von großen Herzmuscheln am blauen Meer. Er behielt sie, für immer. In der linken Brusttasche seiner Jacke trug er immer eine.

Die Muscheln der Nordsee taugten nicht viel. Die Herzmuscheln, die er fand, waren alle klein und leicht zerbrechlich. Die in seiner Brusttasche konnte man nicht zerbrechen. Er würde sie mit ins Grab nehmen. Bei ganz besonderen Ritualen hinterließ er eine seiner Herzmuscheln von denen, die er vor Jahrzehnten gesammelt hatte, für magische Rituale, und von denen er noch einige besaß.

Träume und Magie sind stärker als die Realität. Deshalb liebte er die Träume und die Magie.

Ostseestrand, nördlich von Ahrenshoop

1. Anfang und Ende

Wie die große Leere, so ist auch das Meer der Anfang und das Ende. Wir kommen aus der Leere, und eines Tages werden wir wieder in der Leere verschwinden.

Der unendliche Raum enthält alles, was existieren kann, egal auf welcher Ebene. Der unendliche Raum des Bewusstseins enthält von Anfang an alle Ideen, Konzepte, Ziele, Gedanken, einfach alles, was man jemals denken, fühlen, ahnen und meinen könnte.

Alles entsteht und verschwindet, gleichzeitig.

Das Entstehen und das Verschwinden sind nur zwei Seiten der Existenz, des Daseins, so wie Leere und Fülle. Das eine gibt es nie ohne das andere, so wie es Leben nie ohne den Tod geben kann.

Wenn man, wie ich, am Meer aufgewachsen ist, dann weiß man das bereits mit vier Jahren. Man beobachtet die Ebbe und die Flut, im ewigen Wechsel.

Die große Weisheit ist keine Weisheit.

Die große Weisheit ist einfach vorhanden, sie steht jedem offen.

Ebbe und Flut, das sind elementare Erfahrungen, die man am Meer machen kann und einfach macht.

Pyramide aus Holz, oben die fünf Farben der Dhyani-Buddhas

Kunst war für ihn Magie.

Die Gemälde von großen Meistern zeigten für ihn eine magische Welt der Landschaften, der Farben. Magische Schönheit, schöne Magie. Sowohl das eine als auch das andere. Die Schönheit mag äußerer Schein sein, für ihn war sie das nie. Die Magie ist die innere Kraft, die innere, verborgene Energie, die sichtbar gemacht wird durch die Kunst. So sah er es schon immer.

Am Anfang fand er die Impressionisten und die Expressionisten gut. Beide Richtungen zeigten ihm die Schönheit der Magie. Die magischen Gemälde von Monet oder die von Marc, Macke, Nolde. Der Franzose und die Deutschen. So unterschiedlich wie die Künstler und ihre Werke sein mögen, für ihn war es die Magie der Natur. Die Magie des Meeres.

Als er einmal an einem weiten Strand am Atlantik war, war er zutiefst erschrocken über das viele Plastik. Das ist Jahrzehnte her! Was für eine Entweihung der Magie des Meeres, was für ein Frevel an der Natur. Die böse Seite, die dunkle Seite der Menschenkultur.

Symbolisch reinigte er einen Teil des Strandes.

Aus Holzstämmen und Teerplatten und anderem Zeug schuf er archaische Kunstwerke. Spontan und ohne Plan. Magischer Zauber gegen den Wahnsinn des Menschen, gegen seine Kultur der Vermüllung der Welt.

Am Anfang des Sommers hatten sie wohl den Strand für die Touristen gesäubert. Aber die Welt war keine reine, nach der er sich jedoch sehnte. Er träumte von einem absolut reinen Strand.

Seine magischen Installationen am Atlantik waren ein Spiel gegen das Böse. Sie hatten keinen Bestand und sollten keinen haben. Nicht mal die paar Fotos, die sie von ihm gemacht hatte, waren wichtig.

2. Kunst am Meer

Die Holzpyramide ist ein Beispiel für elementare Kunst am Meer. Sie ist vergänglich, steht nur einen Sommer, oder nur einige Tage. Wind und Wasser, Sturm und Wellen werden sie wieder zerstören, und das ist auch gut so, denn es sollen hier keine Denkmäler errichtet werden.

Es gibt auch keine großen Ansprüche. Es soll keine individuelle Performance sein. Es ist Ausdruck von Kreativität, einfach so. Ein anderer kann weiterbauen – oder auch zerstören. Beides ist in Ordnung.

Am Ende muss der Strand wieder so aussehen, als würde es den Menschen gar nicht geben. Am Ende wird der Strand auch so aussehen. Das Verschwinden des Menschen ist kein Verlust. Auf der Erde hat er sich ohnehin als zu gewalttätig, zu aggressiv und zu gigantomanisch erwiesen. Sein Verschwinden wird eine Befreiung der Erde sein.

Feuersteine verbindet man mit der Steinzeit, der Urzeit unseres Daseins als Gattung. Werkzeuge wurden aus ihnen gemacht, die man heute im Museum betrachten kann. Viele tausend Jahre sind seitdem vergangen. Unendliche viele Kulturgüter haben wir seitdem produziert. Eigentlich sind es zu viele. Sie belasten uns. Was braucht nicht jeder alles für seinen Alltag! Tausend Dinge!

Ein paar Feuersteine am Strand.

Wir sind wieder ein Kind.

Wir sind wieder ein Urmensch, der einen einfachen Kreis legt.

Ist das nur ein Spiel?

Ja – aber auch mehr, viel mehr.

Feuersteine, zu einem Kreis gelegt, 5.6.2015

Am Meer gibt es unendlich viel Sand, unendlich viele Steine.

Diese unendliche Menge wird einem an solchem Ort erst richtig bewusst. Jedes Zählen wäre sinnlos. Jedes Sammeln eigentlich auch, obgleich man immer wieder beim Strandlaufen zum Suchen und Sammeln verführt wird. Das ist unser archaisches Erbe als Jäger und Sammler. Am Strand fallen wir in der Evolution zurück. Wir sind wieder das laufende Tier, das die Küste abläuft, auf der Suche nach etwas, das man gebrauchen könnte.

Wir finden vielleicht einen besonderen Stein, legen ihn auf einen größeren. Es hat eine Bedeutung, eine Botschaft. Aber es ist auch nur eine Geste, eine Art Zeichen der Dankbarkeit für das Hiersein, denn morgen sind wir schon wieder fort. Unser bewusstes Dasein und Leben ist nur ein kurzer Moment in der unendlichen Zeit, die keine Uhr erfassen kann.

Kleiner Stein auf großem Stein, 5.6.2015

Viele Gebetsstäbe habe ich im Laufe der Jahre am Meer hinterlassen.

Mit Federn, mit Stofffäden, mal im Sand, mal in den Dünen.

Eine spirituelle Geste für die Elemente des Meeres.

Vielleicht ist es nur ein Spiel, denn am Ende wird nichts davon bleiben. Das wäre auch ein falscher Anspruch. Es soll ja gar nichts bleiben. Es soll ja alles verschwinden. Der Sinn des Daseins besteht darin, dass es wieder verschwindet, so wie jeder Mensch wieder verschwindet. Denkmäler sind so lächerlich wie die Paläste der Herrscher seit Jahrtausenden. Die tibetischen Mönche mit ihren Mandalas oder die Navaho-Indianer mit ihren Sandmalereien haben es verstanden. Am Ende wird alles zusammengefegt und ins Wasser geworfen.

Darßer Weststrand, 6.6.2015

aufgestelltes Holz, 5.6.15

Am Strand findet man immer angeschwemmtes Holz. Manchmal ist es ein merkwürdig geformtes Stück. Dieses habe ich einfach aufgestellt. Es ist ein krummer Ur-Baum, der in den Himmel wächst. Ein natürliches Symbol zwischen der Steilküste bei Ahrenshoop und dem Meer, zwischen Findlingen und dem Wasser.

Der Wal (Buckelwal) ist ein Ur-Wesen des Meeres. Vielleicht müssen wir nur dem nachspüren und gar nicht nach vielen Erklärungen suchen. Dem UR nachspüren, uns in das UR versenken. Das Ur-Wesen, die Ur-Kraft, das Ur-Sprüngliche, die Ur-Sprache, der Ur-Klang, das Ur-Meer. Die Gesänge der Wale drücken das UR sehr intensiv aus. Bei dem Wal ist es vielleicht inspirierender, die Gesänge zu hören als sich Bilder anzusehen. Eine Pinselzeichnung, wie meine oben, ist auch etwas sehr Elementares, Einfaches, Ur-Sprüngliches.

3. Gemälde vom Meer

Eine Frau (Ausschnitt, ganzes Gemälde: 70x140cm) sitzt am Meer. Sie denkt, sie träumt, sie sinnt nach. Sie schaut zum hellen Horizont, aber hinter ihrem Rücken naht das Unwetter, der Sturm. Eine Möwe fliegt im Wind. Sie lebt mit den Elementen. Eine Lachmöwe steht auf dem Sand. Sie ist ein kleines Krafttier.

Fotos werden heutzutage endlos geknipst. Man schaut sie kurz an, legt sie fort, möchte das nächste, das nächste und wieder das nächste.

Gemälde sind wie eine angehaltene Zeit. „Halte auch Du die Zeit an!" Das ist ihre Botschaft für den Betrachter. Bleibe stehen, setze Dich hin! Bleibe sitzen und schaue auf das Bild, lange, als würdest Du selbst auf dem Stein am Meer sitzen und die Wellen betrachten und die Atmosphäre einatmen.

Wenn man gleich weiter will, dann ist man nervös. Dann erfasst und versteht man nichts. Das Herz öffnet sich langsam, wie die Blüte einer Blume. Man muss ihr Zeit geben. Wer keine Zeit hat, soll in der Stadt bleiben. Das Meer hat viel Zeit. Sehr viel Zeit. Wenn Du sitzen bleibst und nichts mehr willst, hast Du sofort die Ewigkeit. Mehr brauchst Du nicht.

Das Meer ist die Ewigkeit!

Dieses Gemälde (89x100cm) ist von Patrick von Kalckreuth, das ich 2014 bei einem Antiquitätenhändler erworben habe. Es zeigt eine naturalistische Szene am Meer. Die untergehende Sonne reflektiert auf den heranrollenden Wellen, auf dem Wasser im Uferbereich. Das Gemälde wurde 1951 gemalt. Schon damals war die Zeit der naturalistischen Malerei längst vorbei, heute mehr denn je. Aber warum eigentlich? Und wer bestimmt das, und warum? Welches Interesse will bestimmte Arten von Malerei auf eine Zeit festlegen? Und warum sollen die nachfolgenden Generationen nicht auch so malen „dürfen"? Ich denke, dass man so malen kann und sollte, wie man es für richtig hält.

Meeresbrandung, Patrick von Kalckreuth, 1951

Von den Kunstbewertern und ihren arroganten, apodiktischen Beurteilungen halte ich nichts.

Warum sollte man sich nicht dem Meer naturalistisch nähern?

Die Natur ist und bleibt sowieso das, was sie immer war. Sie wird sich nie ändern. Alle Versuche des Menschen werden letztendlich nichts bewirken. Das Meer, die Wellen, die Wolken, die Winde, der Sand, die Steine, das Wasser, die Möwen, die Sonne – alles wird so bleiben. In der naturgetreuen Malerei dokumentiert sich das genaue Hinsehen, die Achtsamkeit für das, was dort real vor den Augen ist und sich abspielt. Während des Malens widmet man sich über einen längeren Zeitraum den realen Details, man will sie so wahrnehmen, wie sie sind. Nicht die eigenen Gefühle und Stimmung sind so wichtig, schon gar nicht die Gedanken, sondern die äußere Realität, die immer eine größere und weitere Dimension des Daseins und des Lebens ist als unsere kleine individuelle Begrenztheit. Somit könnte man sagen, dass es bei dieser Malerei um Entgrenzung geht, und mitnichten nur um platte Wiedergabe des Realen.

Künstler, die auf das Subjektive fixiert sind, mögen vielleicht keine Entgrenzung, sondern eher die Darstellung des Besonderen, des Individuellen. Auch ein Weg, keine Frage. Aber nicht der einzige. Das Meer ist immer jenseits des Individuellen und Begrenzten.

Emil Nolde und das wilde, bedrohliche Meer

Ein bekannter deutscher, expressionistischer Maler ist Emil Nolde. Er ist sehr beliebt, immer wieder gibt es Ausstellungen und neue Bildbände. Er gilt irgendwie als ein Prototyp des modernen Künstlers. Vielleicht denken viele, dass sie bei Nolde genau sagen können: Das ist Kunst!, wohingegen sie bei naturalistischen Malern oft selbst nicht entscheiden können, ob es sich nun um Kunst handelt oder nicht.

Aus rechtlichen Gründen kann ich keine Gemälde von Emil Nolde abdrucken. Aber im Internet findet man schnell viele Bilder vom Meer, Ölbilder und Aquarelle.

Was sofort auffällt, das ist die sehr intensive Farbgebung. Es geht vor allem um die Farbe. Die Struktur der Wellen, die Weite des Meeres sind da eher unwichtig. Je intensiver die Farbe, desto besser. Wer die Nordsee kennt, fragt sich sofort, um welches Meer es sich bei Nolde handelt. Ist es sein eigenes, inneres, wildes, elementares Meer? Ist es ein Gefühlsmeer?

Oder ist es doch die Südsee, die man mit den intensiven Farben verknüpfen könnte? Oder sind es Rauschzustände, die hier gemalt werden?

Wenn man die Realität als Maßstab nimmt, dann ist bei Emil Nolde alles übersteigert dargestellt. Seine Popularität bei vielen Leuten passt für mich nicht so recht zu der Thematik des Rausches, denn kaum jemand dürfte das Meer so erleben und erfahren, wie er es malt. Die meisten Menschen lehnen den Rausch ab, es sei denn, es handelt sich um den Alkoholrausch. Rausch hat im bürgerlichen Weltbild keinen Stellenwert, aber Emil Noldes Rauschbilder findet man gut. Das kommt mir wie eine Kompensation vor, also ein Ausgleich zu der sonst gelebten Normalität. Vielleicht ist er deshalb so populär, weil er den Bürgern diese eruptive Farbekstase als Ausgleich bietet.

Die politische Position von Emil Nolde soll hier nicht groß interessieren, obgleich es mir eigenartig vorkommt, dass er offensichtlich mit dem Nationalsozialismus sympathisiert hatte, aber sein individualistisch expressiver Malstil gar nicht zu den biederen Kunst-Vorstellungen der Nazis passte.

Noldes Meer ist wild, sehr wild, eine Urgewalt, die von nichts und niemandem beherrscht werden kann. Das Meer ist tatsächlich eine Urgewalt der Natur.

Der Kunsthistoriker Max Sauerlandt schreibt 1921: Nolde sieht das Meer »nicht vom Strande oder vom Schiffe aus, er sieht es so, wie es in sich selbst lebt, losgelöst aus jedem Bezug auf den Menschen, als das ewig regsame, ewig wechselvolle, ganz in sich selbst sich auslebende, in sich selbst sich erschöpfende göttliche Urwesen, das bis heute noch die ungebändigte Freiheit des ersten Schöpfungstages sich bewahrt hat«.

(Infotext zu dem Buch Emil Nolde, Das Meer, Dumont)

Der Mensch ist in der Tat bei Noldes Meeresbildern nicht wichtig. Er ist gar nicht vorhanden. Das mythologische Urwesen, das keinen Namen hat und dem man wohl auch keinen geben kann, steht ganz im Zentrum. Das Urwesen kann auch destruktiv sein. Vernichtend, alles Leben verschlingend. Die große Welle kann alles unter sich begraben. Man betrachte dazu seine Wellenbilder (z.B. Hohe Wogen, 1940; Hohe Sturzwelle, 1948).

Auch der Himmel wirkt oft apokalyptisch. Weltuntergangsstimmungen. Das Ende von Zeit und allem, was vorhanden ist. Das schwarze Loch verschlingt alles, ohne Rücksicht, ohne Erbarmen. (Vgl. Das Meer III, 1913)

Vielleicht hat Emil Nolde am Nationalsozialismus dieses eigentliche Streben nach Weltuntergang bewundert, denn nur scheinbar wurde eine neue Welt aufgebaut, am Ende lief alles auf Vernichtung und Auslöschung hinaus. Handelt es sich um eine Tendenz zum Suizid? Handelt es sich um eine kranke Sucht nach Tod, Vernichtung und Untergang? Bewundert man vielleicht sogar unbewusst genau das an Emil Nolde?

Hier ein Aquarell von mir nach dem Ölbild von Emil Nolde mit dem Titel „Hohe Sturzwelle". Das Nachmalen von Bildern ist insofern eine interessante Übung, weil man sich in die besondere Stimmung des Malers versetzen muss. Wenn man selbst eher in einer anderen Stimmung ist, kann dies schwierig sein. Eine Sturzwelle kann wie eine zusammenstürzende Lebenssituation sein. Man wird unter der Wucht des Meeres, des Lebens, der Umstände begraben. Es geht also nicht so sehr um äußere Natur, die spiegelt nur die innere wider, sondern um vielleicht existenzbedrohende Situationen.

Eine andere existenzielle Situation zeigt das untere Aquarell nach Emil Nolde. Die hohen Wellen sind für den Menschen bedrohlich, denn sie können ihn verschlingen und es bleibt nichts von ihm übrig. Er verschwindet einfach im Großen Dunklen Ungeheuer des Meeres. Die Natur des Meeres wird immer größer sein als alles, was der Mensch jemals schaffen und bewirken kann.

Caspar David Friedrich gehört zu den romantischen Malern, den Träumen von einer anderen, poetischen und spirituellen Welt.

So sind auch meine eigenen Aquarelle.

Auf dem ersten ist ein Wanderfalke zu sehen, ein Krafttier im schamanischen Weltbild. An wilden Küsten findet der Naturmystiker viele besondere Plätze, für das bloße Verweilen und Meditieren, oder auch für Rituale.

Das bekannte Gemälde von C.D. Friedrich mit einem Wanderfalken

schamanischer Platz am Darßer Strand unter einer Kiefer

Die Realität seiner Heimatstadt war brutal. Die Zerstörungen des Krieges, die Bunker, die überall herum standen. Die Träume waren besser. Schon in seiner Kindheit gab er sich den Träumen hin. Schon damals lebte er in den Träumen. Wenn die Realität brutal ist, dann muss man träumen. Das ist logisch. Und so träumte er von anderen Welten.

Die Realität des Meeres seiner Heimatstadt war öde, eine Wasserödnis, der man nichts Schönes, Liebliches abgewinnen konnte. Langweiliges Gras, Steine und viel Beton.

Der Beton ist so typisch für die moderne Welt. Was ist nicht alles aus Beton! Ohne Beton gäbe es die moderne Welt gar nicht!

Träume sind leicht und luftig, wehen im Winde, zerwehen im Sturm. Träume kann man nicht packen, nicht einpacken, nicht zementieren. Das war vielleicht ein großer, deutscher Albtraum, dass man Träume zementieren wollte. Aber es passt nicht zusammen, der Traum und der Beton.

Wenn die Welt schön ist, harmonisch und magisch, wie die Welt am Königssee in Bayern, dann träumt man vielleicht vom grauen, meterdicken Beton und panzerhartem Metall. Wenn die Seele nicht zuhause ist, wenn sie traurig und unruhig ist, dann tut sie das wohl. Eine Seele, die ganz zuhause ist, muss nicht träumen, denn sie ist ja gerade das, ganz zuhause in einer Heimat.

Träume sind eine Seite der alles umfassenden Welt, es wird sie immer geben, der eisenharte Beton und das dunkle Kanalwasser sind eine andere Seite, auch diese Seite wird es immer geben, und selbst wenn die Menschenwelt verschwunden sein wird, dann gibt es doch die harte Realität der Vulkanausbrüche, der Erdbeben, der Stürme und der Fluten.

Die Welt eines zerstörten Kriegshafens triggert den Traum einer heilen Welt, eines Hafens, wo es nur ein paar Fischerboote gibt, die einfach nur Nahrung fischen, aber nicht das Meer leer räubern.

4. Wilhelmshaven und das Meer

Aufgewachsen bin ich in Wilhelmshaven. Geboren allerdings in Jever, neben dem Schloss, und meine ersten Jahre habe ich in Heidmühle verbracht. 1956 zogen meine Eltern nach Wilhelmshaven, der Stadt am Jadebusen.

Die Stadt hat ein gestörtes Verhältnis zum Meer. Sie liegt am Meer, aber irgendwie auch wieder nicht. Freie Zugänge zum Meer gibt es nur bedingt. Früher gab es den Geniusstrand, der frei zugänglich war, aber der wurde zerstört. Früher gab es am Südstrand eine kleine Sandbucht, aber die wurde auch zerstört. Heute gibt es nur einen Strand in Hooksiel, der aber weit außerhalb von Wilhelmshaven liegt. Und dort muss man Eintritt zahlen. Es gibt Bestrebungen, das zu ändern. Es wäre sicher wünschenswert, wenn man einfach das Meer erreichen könnte, ohne Eintritt zahlen zu müssen. Was ist das für ein Verständnis von Natur?

Die Atmosphäre des Meeres kann man überall in der Stadt spüren, riechen und hören. Man hört die Schreie der Möwen, selbst in der zentralen Einkaufszone. Man riecht die salzige Luft. Das Klima ist natürlich nicht so anregend wie auf den Nordseeinseln, aber doch ganz anders als im Binnenland. Wer den Unterschied kennt, weiß, wovon ich spreche.

Es gibt alle möglichen Hafenanlagen. Im Vergleich mit Bremen oder Hamburg ist das nicht viel. So hat die Stadt gegenüber großen, wichtigen Häfen auch immer eine Art von Minderwertigkeitskomplex gehabt. Daran wird sich, aus meiner Sicht, nichts ändern. Der große Jade-Weser-Port ist bisher nur ein Versuch. Die Stadt hat keine lange, historische Tradition wie z.B. Hamburg. Auch als Kriegshafen war die Stadt immer weniger bedeutend als Kiel.

Nach dem Krieg war alles zerbombt. Ich bin in einem neuen Haus neben einem riesigen Trümmerfeld aufgewachsen. Ich hatte gefragt, warum alles kaputt sei. Das war der Krieg, sagte man mir. Aber warum ist alles kaputt, wollte ich wissen. Das ist so, im Krieg. Im Krieg ist das so. Die Engländer haben alles zerbombt. Wer sind die Engländer? Eine andere Nation jenseits des Meeres.

Wir Kinder spielten in Trümmern und Bunkern. Das war ganz normal für uns. Ab und an hielt ein Kriegsschiff in der Nähe an einem der Kais. Wir konnten es besuchen. Alles war eng, muffig, roch nach Öl, Teer und Schweiß. Für uns war es ein großes Schiff. Ein Kreuzer aus England. Wir hatten den Krieg, den Kampf und den Tod nicht kennengelernt. Kriegsschiffe waren aufregend. Man konnte kleine Kriegsschiffe aus Plastik basteln, mit ihnen spielen und sie versenken. Schiffe versenken, ein magisches Spiel der Kindheit.

Wenn ich ins dunkle, braune Kanalwasser schaute, dann stellte ich mir vor, wie man absoff. Eine aufregende Sache! Den Ernst und das Grauen habe ich erst später verstanden – oder besser: geahnt, als ich auf die Namen der toten Seeleute in der Christuskirche schaute. Ja, die sind alle untergegangen mit ihren Schiffen und gestorben. Ersoffen im Meer. Sie sind alle erbärmlich ersoffen, all die jungen Männer!

Am schlimmsten waren die Vorstellungen, in einem U-Boot zu ersaufen. Aber es war aufregend, ein U-Boot zu besichtigen. Das da, das sind die Torpedos! Damit werden die feindlichen Schiffe versenkt. Ich hätte gerne viele feindliche Schiffe versenkt.

Und ein schönes Meer, ein wildes, magisches Meer, gab es das?

Nein, das gibt es auf Wangerooge, auf Spiekeroog und den anderen Nordseeinseln. Dort gibt es die schöne Natur, den endlosen Sandstrand und die Dünen. In Wilhelmshaven gibt es Hafenanlagen, ein ganzes Arsenal davon. Ob fürs Militär oder für die zivile Schifffahrt.

Ich träumte von einem anderen Meer.

Von der Südsee.

Dort muss es wunderschön sein. Das Paradies. Ich wusste noch nicht, dass man dort die Atombomben getestet hatte. Neue Superbomben für einen neuen Krieg. Als ich das erfuhr, habe ich die Menschen zu hassen begonnen. Ich hasse sie immer noch! Wer das Paradies der Natur zerstört, den kann man nur hassen. Ich hasse sie von ganzem Herzen.

Wilhelmshaven könnte eine schöne Stadt sein, wenn sie ein liebendes Verhältnis zum Meer (gehabt) hätte. Aber das hat sie nicht. Was will sie, diese Stadt? Ich weiß es nicht. Jedenfalls hat sie die Verbindung zum Meer zugebaut und abgesperrt. Sie hat ein gestörtes Verhältnis zur Natur, zur Natur des Meeres.

Den schönen Geniusstrand haben sie zerstört. Und ich bin bestimmt nicht der einzige Sentimentale, der das bedauert. Und wofür das alles? Für nichts. Für das Phantom ökonomischer Prosperität.

Die Stadt wurde mal von einem Kaiser als Kriegshafen gegründet. Ein Kaiser, der auch eine Seemacht haben wollte. Schlachtschiffe. Kreuzer. Minensuchboote. Alles, was man so für einen anständigen Seekrieg braucht.

Aber alle Schiffe sind untergegangen. Oder wurden selbst versenkt. Und das nicht erst im Zweiten Weltkrieg. Nein, der ganze Wahnsinn fand schon im Ersten Weltkrieg statt.

Wer Lust auf Kriegsschiffe hat, der kann sich ja bei youtube umschauen.

https://www.youtube.com/watch?v=cBJWIzoasns

Da der Mensch den Krieg als Beschäftigungspiel noch nicht überwunden hat, wird das Spiel weitergehen. Heute haben wir keinen wahnsinnigen Kaiser, sondern eine vernünftige Kanzlerin, wobei man sich natürlich fragen kann, wer alles wahnsinnig war und ist, oder wer wirklich vernünftig ist.

Ein vernünftiges Verhältnis zum Meer würde für mich bedeuten, dass man es nicht als Kriegsschauplatz missbraucht. Oder als gigantische Müllkippe, für Atommüll, Granaten, Plastik und was weiß ich nicht alles. Oder nur als Verkehrsweg sieht, auf dem man Mega-Schiffe mit Tausenden von Containern um die Erde jagen kann, für die Profite der Superreichen.

Was ist das, der Wahnsinn?, könnte der Philosoph Heidegger fragen.

Was ist das, die Vernunft?

Ich denke, dass wir uns das viel mehr als bisher fragen müssen, jetzt, wo wir am Abgrund, am Ende einer *overcivilized world* stehen. Das erinnert mich an den *overkill*. Davon war in meiner Jugend oft die Rede. Wie groß ist die Wirkung einer Atombombe?, wollte ich von meinem Vater wissen. *Die ganze Stadt, sie wäre komplett zerstört.* Die ganze Stadt? *Ja, die ganze Stadt – und noch viel mehr.* Auch Jever? *Auch Jever.* Auch der Wald? *Alles.* Wahnsinn!

Damals fing es an, dass ich die Menschheit für wahnsinnig gehalten habe. Und sie ist es, in der Tat, man muss sich die täglichen Nachrichten nur mal distanziert betrachten.

Aber zurück zum Meer.

Wilhelmshaven hätte das Meer lieben sollen – oder sollte es. Wenn sie das bereits vor Jahrzehnten getan hätten, dann hätten sie den Geniusstrand nicht zerstört und das Watt nördlich und südlich dieser Landzunge bewahrt. Dort gab es nämlich mal Watt! Heute gilt das Watt an der Nordseeküste als Weltkulturerbe, angeblich – solange man nicht irgendeine Nutzung findet. Weiter draußen auf dem Meer werden tausende von Windrädern in den Meeresboden gerammt. Das finden sie ökologisch! Sie denken weder an die Schweinswale noch an die Seevögel. Sie denken am Ende immer nur an ihren Profit. Ich kann es immer nur wiederholen, dass ihr Gott MAMMON heißt, und nicht die heilige Mutter des Meeres ist. Ein rücksichtsloser Männergott. Ich lehne das ab und werde es immer ablehnen.

Wilhelmshaven hätte sich auf Meeresökologie konzentrieren sollen. Auf sanfte Wege des Umgangs und der nachhaltigen Nutzung. Stattdessen wollten sie groß sein, mithalten mit Hamburg oder Bremen, und sind doch bisher nur gescheitert. Man hätte einen anderen Weg gehen können und sollen.

Und das Militär, der Marinehafen?

Langfristig hat das keine Zukunft, weil militärisches Denken und Handeln keine friedliche Welt schaffen können. Militärisches Denken ist eine aggressive Gehirnerkrankung. Man sollte sie behandeln. Aber wo sind die Therapeuten für diese Erkrankung?

*

Als ich ein kleiner Junge war, vielleicht neun, schickte mich meine Mutti immer zum Friseur. Ich sollte ein anständiger Junge sein, mit einem anständigen Haarschnitt. Also ging ich, da ich ein braver Junge war, immer zum Friseur. Alle Muttis wollten damals brave Jungs haben, mit einem anständigen Haarschnitt.

Dort hing ein Bild. Darauf war ein untergehendes Schiff zu sehen. Man sah nur die Unterseite des Schiffes, denn es war gekentert. Auf dem Schiff stand noch ein Mann, ein letzter Matrose. Er hielt eine Fahne hoch. Die Reichskriegsflagge der kaiserlichen Flotte. Warum, warum macht er das?, habe ich mich damals gefragt. Denn das Schiff ist doch schon praktisch untergegangen, und der letzte Mann wird auch untergehen, ersaufen, wie alle seine Kameraden.

Vielleicht hat mir der Friseur gesagt, dass der Mann stolz auf sein Land und seinen Kaiser sei, dass er auch im Tod noch an seinem Vaterland hängen würde.

Ich weiß nicht, was mir der Friseur gesagt hatte, damals, um 1960. Vielleicht hat er vom *heroischen Heldentod* gesprochen. Vielleicht. Irgendwie fand ich es irrsinnig. Ein einzelner Mann steht auf einem gekenterten Schiff und hält die Reichskriegsflagge in den Wind. Einfach irrsinnig. Aber so ist der Mensch, oder sollte ich besser sagen: so ist der Mann? Ja, so ist er wohl, der Mann. Irrsinnig bis zum Untergang.

Das Gemälde ist von Hans Bohrt (1857 - 1945). Das Original soll verschollen sein. Es wurde als Propagandabild verwendet, vielfach nachgedruckt und verbreitet.

*

Ein anderes Gemälde vom Meer (von Hugo Schnars-Alquist – Gemälde sind im Internet zu finden), das Spuren in meiner Seele hinterlassen hat, hängt in der Christuskirche, genauer: der Christus und Garnisonskirche (Warum heißt sie so?). Es hängt hinter dem Altar an der Wand, so dass man es immer ansehen muss, wenn man in der Kirche sitzt. Während der Kindergottesdienste, die ich um 1960 mit meinem damaligen Freund Werner besucht hatte, musste ich es immer ansehen.

Auf dem Gemälde ist das Meer zu sehen. Einfach nur Wellen, die grünen und blauen Wellen des Meeres. Der Himmel ist ein Abendhimmel. Neapelgelbes Licht. Abendwolken. In der Mitte schaut man auf eine blaue Lücke. Soweit der naturalistische Teil des Gemäldes.

Altargemälde der Christuskirche in Wilhelmshaven

Aber da es in einer Kirche hängt, muss es logischerweise eindeutig christlich sein. So hat der Maler Schnars-Alquist in die obere Mitte des Gemäldes ein weißes Kreuz gemalt, dazu noch eine leichte weiße Aura um das Kreuz herum.

Über allem steht Gott, der Schöpfer von Himmel und Erde. Über allem steht das höhere Wesen. Wenn alle Schiffe im Meer versunken sind, dann schwebt der Geist Gottes über den Wassern. Das war den Menschen damals und heute der Trost. Ob sie wirklich an ein jenseitiges „Reich Gottes" glauben, möchte ich eher bezweifeln. Als kleiner Junge habe ich nur unvollkommen darüber nachgesonnen. Der Pfarrer gab mir auch keine überzeugenden Erklärungen. Es ist nichts hängengeblieben. Nur das Gemälde, und das Rätsel, was das Kreuz zu bedeuten habe.

Gibt es eine höhere Dimension jenseits des Meeres, seiner Gefahren und des Todes?

Ich wusste von den Gefahren des Meeres, von den Sturmfluten, von Ertrunkenen, von Menschen, die von der Ebbe aufs Meer getrieben wurden und die man nicht wiedergefunden hatte. Von den untergegangenen Schiffen hatte man mir erzählt. Das waren Realitäten.

Von einem jenseitigen Reich gab mir der Pfarrer und gaben mir meine Eltern keine klaren und überzeugenden Erklärungen. Es blieb alles nur vage und diffus. Ich weiß heute nicht mehr, was ich damals über das weiße Kreuz gedacht habe. Heute kommt es mir künstlich und aufgesetzt vor, im Grunde ohne eine wirkliche Bedeutung.

Was bleibt, das ist das Meer. Und das Meer kann den Tod bringen.

*

In meiner Jugend gab es ein Lied von Lolita über das Meer.
https://www.youtube.com/watch?v=HSUZ02Z2kIo
Es geht nicht darum, ob das Lied kitschig ist oder nicht, sondern es geht um eine Konstante des Menschen, die sich in dem Schlager dokumentiert.

Seemann, lass das Träumen
Denk nicht an zu Haus
Seemann, Wind und Wellen
Rufen dich hinaus

Deine Heimat ist das Meer
Deine Freunde sind die Sterne
Über Rio und Shanghai
Über Bali und Hawaii
Deine Liebe ist ein Schiff
Deine Sehnsucht ist die Ferne
Und nur Ihnen bist du treu
Ein Leben lang

Seemann, lass das Träumen
Denke nicht an mich
Seemann, denn die Fremde
wartet schon auf Dich

Das Meer ist immer auch der Traum von der Ferne, von einer anderen Welt, einem anderen Dasein. Vermutlich hat sich bereits der Urmensch gefragt, was hinter dem Horizont des Meeres ist. So ist er die Küsten der Welt entlang gelaufen, immer weiter, immer auf der Suche nach Essbarem, immer mit der Frage im Herzen, was hinter dem nächsten Kap kommen mag. Sehnsucht ist eine anthropologische Konstante. Der Mensch des Meeres ist und bleibt das sehnsüchtige Wesen. Menschen des Meeres sind unterwegs, Sesshafte bleiben hingegen zuhause.

*

Ein weiteres Lied, das ich in meiner Jugend oft gehört habe, ist La Paloma, gesungen von Hans Albers. Der Text stammt von Helmut Käutner.

Ein Wind weht von Süd
Und zieht mich hinaus auf See.
Mein Kind, sei nicht traurig,
Tut der Abschied auch weh.
Mein Herz geht an Bord
Und fort muß die Reise geh'n,
Dein Schmerz wird vergeh'n
Und schön wird das Wiederseh'n.

Mich trägt die Sehnsucht fort
In die blaue Ferne,
Unter mir Meer
Und über mir Nacht und Sterne.
Vor mir die Welt, so treibt mich
Der Wind des Lebens.
Wein nicht, mein Kind,
Die Tränen, die sind vergebens!

Auf, Matrosen, ohe!
Einmal muß es vorbei sein.
Einmal holt uns die See
Und das Meer gibt keinen von uns zurück.
Seemanns Braut ist die See
Und nur ihr kann er treu sein.
Wenn der Sturmwind sein Lied singt,
Dann winkt mir der Großen Freiheit Glück.

Wie blau ist das Meer,
Wie groß kann der Himmel sein?
Ich schau hoch vom Mastkorb
Weit in die Welt hinein.
Nach vorn geht mein Blick,
Zurück darf kein Seemann schau'n.
Kap Horn liegt auf Lee,
Jetzt heißt es Gott vertrau'n.

Seemann, gib acht im Strahl
Da als Gruß des Friedens

Hell in die Nacht
Das leuchtende Kreuz des Südens.
Schroff ist das Riff,
Und schnell geht ein Schiff zugrunde,
Früh oder spät
Schlägt jedem von uns die Stunde.

Auf, Matrosen, ohe!
Einmal muß es vorbei sein.
Einmal holt uns die See
Und das Meer gibt keinen von uns zurück.
Seemanns Braut ist die See
Und nur ihr kann er treu sein.
Wenn der Sturmwind sein Lied singt,
Dann winkt mir der Großen Freiheit Glück.

Was habe ich damals mit dem Lied und dem Text verbunden? Welche Botschaft habe ich gehört oder ist bei mir angekommen? Ich weiß es nicht. Und heute? Ist es diese treibende Sehnsucht, gegen die man sich nicht wehren kann und will, die einen in die Ferne, in die Fremde, aufs Meer treibt – und die am Ende den Tod bringt?

Geht es um die Auflösung und Überwindung aller Grenzen und schlussendlich um eine *Todessehnsucht*?

Jedes Individuum empfindet sich selbst, bewusst oder unbewusst, als begrenzt, eingesperrt in oft zu enge Lebensverhältnisse, aus denen es ausbrechen möchte. Somit sucht vielleicht jeder Erfahrungen einer Entgrenzung. Am oder auf dem Meer kann der individuelle Mensch Entgrenzung erfahren, wobei ein möglicher Tod nicht so wichtig erscheint, weil er sowieso das Schicksal von jedem ist.

Mit zehn Jahren hatte ich bestimmt keine *Todessehnsucht*, sondern eine Sehnsucht nach Leben und Erfahrungen, auch nach einer Ferne, nach einem anderen Meer, das nicht kalt und grau wie die Nordsee war, sondern warm und türkisgrün wie das Mittelmeer, das ich Anfang der Sechziger Jahre in Italien und Spanien kennengelernt hatte.

40

Am Südstrand seiner Heimatstadt sah man immer auf die andere Seite des Jadebusens, und konnte sich darüber seine Gedanken machen. Was war dort?

Auf Wangerooge, der ersten Insel, die er in seinem Leben kennengelernt hatte, sah man zum nördlichen Horizont. Wenn keine Schiffe vorbei fuhren, heute sind es viel mehr als vor Jahrzehnten, konnte man von der Welt jenseits des Horizonts träumen. Was war dort?

Auf dem Atlas konnte man nachsehen. Irgendwann kam Norwegen. Gut, das wusste man. Aber das Gefühl war ein anderes.

Der Horizont war und blieb eine Grenze, die sich verschob, wenn man aufs Meer hinausfuhr. Er war nicht viel hinausgefahren. Sein Kraftort war die Düne, von der aus er den Horizont betrachtete, in alle Himmelsrichtungen.

Der Blick zum Horizont war wie der Blick hinauf zu den ziehenden Wolken. Man wusste nicht, was dahinter war.

Schon früh ahnte er, dass es immer so bleiben würde. Man weiß nicht, was dort drüben ist. Man weiß nicht, was nach dem Tod kommt. Man weiß nur, dass alle Menschen bisher gestorben und verschwunden sind. Botschaften wurden nicht geschickt.

Der Pastor wusste es auch nicht. Er wusste auch nicht, warum Gott die Kriege und die vielen Toten zugelassen hatte, die vielen Marinesoldaten, an die die Gedenktafeln in der Christuskirche erinnerten. Damit war die Sache der Religion eigentlich erledigt. Im Grunde damals schon! Es gab kein Wissen. Es gab Vermutungen – und Träume.

Mit der Alltagswelt konnte er sich nie zufrieden geben. Sie genügte ihm einfach nicht. Sie erfüllte ihn nicht. Das weiße Kreuz über dem Meer war ein Bild. Hatte es ihn erfüllt, oder nur Fragen aufgeworfen, die keiner beantworten konnte?

Es war nur ein Versprechen gewesen. Nur ein Traum.

Manche Leute meinen, es sei alles eins. Das Jenseits überall das gleiche Jenseits. Die Ansichten der kulturellen und sonstigen Gleichmacher teilte er nicht. Das Jenseits, das Gefühl von einem Jenseits war an jedem Meeresstrand ein anderes. Man hatte andere Empfindungen, andere Vorstellungen, andere Träume. Am Mittelmeer andere als am Atlan-

tik. Am Nordmeer andere als in der Südsee.

Wenn man sich vorstellt, dass man eine Reihe von Fotos von den genannten Meeren vor sich liegen hat, dann könnte man sie vermutlich schnell den unterschiedlichen Regionen auf der Erde zuordnen. Die Bilder sind so unterschiedlich wie unsere Gefühle.

Der Versuch einer multikulturellen Gesellschaft wird nicht funktionieren, weil das Individuelle immer sein Recht fordern wird. Man kann das Individuelle nicht im Universellen auflösen. Warum sollte man das auch tun? Warum sollte man das Individuelle überhaupt vernichten, wenn es doch die Schönheit und Besonderheit des Einzelnen ist. Des einzelnen Menschen, der einzigartigen Meeresküsten und spezifischen Vorstellungen eines Jenseits.

Institutionalisierte Religionen und politische Machtsysteme sowie globale Ausbeutungskonzerne wünschen die Vernichtung des Individuellen. Es stört ihren totalen Machtanspruch.

Aber die Natur liebt gerade die Vielfalt, die Variationen und kleinen Unterschiede.

Er wusste nicht mehr, wie seine Vorstellungen vom Jenseits auf den griechischen Inseln, den Kykladen waren, oder am atlantischen Ozean, oder an den weiten Sandstränden der Nordseeinseln, oder in den Ostgebieten, oder an der indischen Küste oder auf Samoa.

Es war immer unterschiedlich gewesen, wie das Klima, die Atmosphäre, die ganze Kultur des Landes. Die spirituelle Kultur eines Landes färbt den Blick in die Ferne.

Man stelle sich einfach vor, man würde im Hintergrund Musik hören, Debussy's La Mer, einen Shanty-Chor oder einen hinduistischen Mantrengesang, um nur drei Beispiele zu nennen. Wie unterschiedlich dürften unsere Gefühle sein.

Und wenn man nichts hört, wenn es keine Kultur im Umfeld gibt, keine Mythologie, nichts als den Wind und die Möwen, was fühlt man dann? Was fühlte er, als er an solchen Küsten gewesen war, wo es keine Mythologie, keine Religion gab?

5. Das Meer und die jenseitige Welt

Vielleicht gibt es auf der Erde keinen besseren Ort, um über das Jenseits nachzusinnen als das Meer, oder genauer gesagt, die Küste des Meeres. An der Küste schaut man immer aufs Meer. Schon in meiner Kindheit habe ich oft und lange aufs Meer geschaut. Schon damals stellte sich von selbst die Frage ein, was dahinter sein möge. Was ist jenseits des Meeres? Hört es irgendwo auf, und was ist dann dort, oder dahinter? Diese elementare Frage wird der Mensch immer stellen, wenn er sich grundsätzliche Gedanken über das Dasein, sein eigenes Dasein, das Sein an sich und die Welt an sich macht.

Wir leben heute in einer sehr diesseits orientierten Welt. Daran kann auch der ganze Schlamassel nichts ändern, in dem sich die ganze Welt zur Zeit (Januar 2019) befindet. Alle wollen Lösungen hier und heute, hier in dieser Welt. Meistens sind es materielle Lösungen. Bessere und sichere Versorgung, Sicherheit in jedem Bereich, Garantien aller Art.

Das Jenseits war im Mittelalter, das bei uns nur als „finster" gilt, ein Thema. Heutzutage lächelt man darüber. Vom Jenseits zu träumen ist pathologisch, ist Weltflucht. Wer aus der Welt fliehen möchte, der ist krank, der braucht eine Therapie bei einem psychologischen Psychotherapeuten, der ihm vermittelt, wie schön es auf der Erde sein kann und dass man diese Schönheit annehmen müsse.

Man darf sich nicht zur Weltflucht bekennen!

Ich tue es aber. Manche, wie Albert Schweitzer, haben die christliche Religion von dem Buddhismus in der Hinsicht unterschieden, dass sie letztere als eine Religion der Weltflucht bezeichnet haben, wohingegen das Christentum sich der Welt zuwendet, dem Leid, den Armen. Das ist richtig – und auch wieder nicht. Richtig ist sicher, dass der Buddhismus keine großen Programme und Institutionen der Caritas hat. Ein Defizit, keine Frage. Nächstenliebe soll und will konkret umgesetzt werden. Wenn es nur ein allgemeines Mitgefühl bleibt, dann ist das mit Sicherheit zu wenig.

Andererseits gab und gibt es im Christentum immer den Aspekt der Weltflucht. Die Wüstenväter, die Eremiten in den Wäldern, die russischen Mönche weit ab von der Zivilisation. Das irdische Leben war und ist ein „Jammertal", wie es heißt. Leiden, Krankheiten, Streitereien, Krieg, Lügen, Gemeinheiten, Gewalt und am Ende der Tod – so war es, so wird es bleiben. Ein irdisches Paradies, ein absolutes Wohlfühlland, das gab es nie und wird es nie geben.

Und das Jenseits?

Das Jenseits ist ein Traum.

Jenseits vom Meer sind die Inseln der Seligen. Wo mögen sie sein, diese Inseln? Jenseits vom Meer. Es sind nicht die Kanaren oder die fernen Südseeinseln, es sind keine realen Inseln, zu denen man fliegen könnte. Es sind imaginäre Inseln.

Wangerooge ist eine reale Insel. Wenn man mit dem Schiff auf diese Insel zufährt, dann kann man für einen Moment ahnen, was eine imaginäre Insel ist. Vielleicht hat jeder solch einen Moment, einen flüchtigen, der schnell wieder verschwunden ist. Menschen der Traumzeit hingegen leben mit solch einem Traum. Sie träumen ihr ganzes Leben von einer jenseitigen Welt, einer Insel der Seligkeit.

In der Urzeit der Menschheit sind wir viel an den Küsten entlang gewandert. Immer weiter, immer weiter. Was mag hinter der nächsten Biegung sein, und dahinter? So ging es immer weiter.

Wenn man aufs Meer schaut, dann denkt man auch ständig: Was ist hinter dem Horizont? Alle Menschen, überall auf der Erde, haben das zu allen Zeiten getan.

Das Meer ruft den Gedanken ans Jenseits wach. Es zieht den Geist an, die Sehnsucht nach der Ferne.

Der Delphin ist vielleicht der schönste Bewohner des Meeres, Liebling der feinfühligen Menschen. Er repräsentiert hohe Intelligenz und Freude am Dasein gleichermaßen. Er scheint richtig zu leben, nämlich in vollendeter Harmonie mit dem Meer und mit den Artgenossen. Eine erleuchtete Form von Existenz.

Menschenmüll am oder im Meer hatte er schon immer gehasst. Es verursachte bei ihm Wut oder sogar Brechreiz.

Flaschen und irgendwelche Reste von Fischernetzen, die gibt es schon sehr lange. Ebenso von Menschen bearbeitetes Holz mit rostigen Nägeln. Unterhosen und gebrauchte Kondome verursachten ihm Brechreiz. Schwimmende Exkremente im türkisfarbenen Wasser, widerlich!

Für ihn musste und sollte das Meer rein sein, keine Kloake. Kein großer Teich für alle Abwässer der Welt. Wie ekelhaft! Wie widerlich!

Und heute essen die Menschen Fische, die Plastikzeug in ihrem Magen haben. Vielleicht essen sie längst Anteile von Mikroplastik.

Der natürliche Müll des Meeres hatte ihn weniger gestört. Seetang, Muscheln in allen Größen und Farben, Äste von Bäumen und die Federn der Seevögel. Aber auch das konnte stellenweise zu viel werden. Unmengen von Seetang beispielsweise.

Einst waren die Strände der Welt rein und leer, menschenleer. Er liebte den menschenleeren Strand. Nur Sand, nur Leere, nur ein paar Möwen. Strände, an denen Abertausende von Tieren wie Seelöwen waren, die waren ihm auch ungeheuer. Vermassung war ihm ein Gräuel, nicht nur beim Menschengeschlecht.

Für ihn konnte es nicht leer genug sein.

Die Reinheit ist die Leere, die Leere die Reinheit.

Die Welt der Menschen ist eine schmutzige. Es war sie schon immer. Der Mensch kommt aus dem Busch und besudelt die Strände der Welt. Das ist die Evolution in nur einem Satz. Überall hinterlässt er seine Kothaufen. Jetzt sind sie überall riesengroß geworden.

Neben dem vielen Schmutz hinterließ er überall das Blut der Erschlagenen. Wer weiß, wie viele Menschen allein an Stränden erschlagen wurden? Die einen wollten auf das neue Land, andere waren aber bereits da. Schon gab es Krieg und das Blut der Getöteten floss in den weißen Sand.

Er träumte von reinen Küsten, ohne Erschlagene, ohne angetriebene Leichen. Selbst die toten Überreste von Quallen fand er abstoßend. Sie passten nicht in seinen Traum von Reinheit.

6. Meer und Müll – Romantik und Realität

Ich bin bekennender Romantiker. Was heißt das?

Ich glaube, dass eine romantische Sicht der Welt richtig ist, dass sie erfahren und gelebt werden kann. Jetzt und heute, überall. Romantik ist keine Sache der Vergangenheit, sondern eher der Zukunft. Eine menschliche Zukunft wird romantisch sein – oder gar nicht. Ob Technikwahn oder Militärwahn, Kapitalwahn oder sonst ein Wahn, es wird im Wahnsinn enden, also in der Katastrophe.

Für den Romantiker ist das Meer schön und magisch.

Aber ich kenne die Realität, ich weiß um die Realität. Ich habe von 1956 bis 1971 in Wilhelmshaven gelebt, einem zerbombten Militärhafen. Ich habe die Zerstörungen gesehen! Am Strand gab es immer Teerklumpen, in die man nicht treten durfte, denn sie verdreckten die Füße und man bekam den Teer nur schwer ab.

Ich habe immer den vielen Müll gesehen, der vom Meer angeschwemmt worden ist. Den ganzen Plastikmüll! Den Atommüll oder die versenkten Kriegsschiffe habe ich nicht gesehen, aber davon gehört und gelesen.

Heute sind die Meere der Erde zum großen Teil überfischt. Atommüll gibt es in vielen Regionen. Die versenkten Kriegsschiffe, wer kann sie alle zählen? Unmengen an Plastik schwimmt in den Meeren. Kleine Plastikpartikel sind bereits in der Nahrungskette. Haufenweise Gift wurde ins Meer gekippt und geschwemmt.

Das ist die Realität oder das sind die Realitäten.

Sie sind aber kein Argument gegen die Romantik, sondern sie fordern dazu auf, eine andere Verhaltensweise gegenüber dem Meer einzunehmen, nämlich eine, die auf Achtung, Schutz, Bewahrung, Reinhaltung, Reinigung etc. setzt.

Das ist unsere Aufgabe und unsere Chance als Menschheit. Wenn wir sie nicht annehmen, sondern bei Gier, Gleichgültigkeit und Resignation, was eine Veränderung betrifft, stehen bleiben, dann können wir als Gattung auch bald verschwinden. Die Natur braucht uns nicht, denn wir stören nur. Die Natur wird dann die Meere wieder reinigen, egal, ob sie dafür 1000 oder 100.000 Jahre braucht. Uns braucht sie dafür nicht, denn wir haben die Erde und die Meere nur besudelt.

Wer also etwas gegen die romantische Sicht sagt, sollte sich gut überlegen, für wen und welche Haltung er sich ausspricht.

Das Meer spricht zu unserer Seele, zu unserer Sehnsucht. Das ist romantisch.

Wir kommen vom Meer, wir kehren zum Meer zurück. Der Müll ist unsere Schuld, unsere Sünde, wenn wir so wollen, unser Fehl-Verhalten, unser Verbrechen gegenüber der Erde. Es ist unsere Gewalt gegen die Mutter des Lebens, gegen die Mutter des Meeres. Wir sind die Bösen, die Gewalttätigen. Nicht nur die Kriegsschiffe und Atom-U-boote sind Gewalt, auch die Megakreuzfahrtschiffe, die Supertanker und die gigantomanischen Containerschiffe. All das sind Formen des Wahnsinns.

Wenn wir richtig hinhören, dann will uns das Meer vom Wahn heilen. Der Wind, das Wasser, der Sand, die Luft – alles will uns heilen und befreien, von den Zwängen und Süchten befreien. Aber wir müssen schon richtig hinhören – und gehorchen. Der Natur gehorchen! Anders geht es nicht. Der eigensinnige Mensch wird untergehen, mit Sicherheit. Seine Apokalypse hat längst begonnen. Wir sind mitten drin im Strudel. Und wenn wir nicht hören, dann gehen wir ganz unter. Das wäre sogar gut, denn die Natur braucht keine eigensinnigen Ego-Wesen. Diese Menschheit, so wie sie sich heute auf der Erde leider zeigt, kann aus meiner Sicht sofort untergehen. Wir müssen sie nicht erhalten.

Der romantische Mensch ist der mit der heiligen Natur verbundene Mensch. Er ist achtsam und behutsam, demütig und ohne große Ansprüche.

Die romantische Sicht war immer von der anderen Seite gefährdet. Seit es die sogenannte Zivilisation gibt, mit Städten, Militär, Mächtigen, Besitzdenken und Besitzansprüchen, Arbeitsteilung und vor allem Ausbeutung in allen Variationen, seitdem ist die romantische Sicht gefährdet. Die mächtigen Ausbeuter würden sie am liebsten ausrotten, so wie sie ja immer alles ausrotten wollten, was ihnen nicht gepasst hatte.

Am Meer kann man das vergessen. Man muss es einfach einmal vergessen. Wenn man will, kann man sich zurückversetzen in die Ur-Zeit, bevor der ganze Zivilisationswahn begonnen hatte.

Wenn wir an einem menschenleeren Strand sind, und sei es nur am frühen Morgen, dann fällt der ganze Müll von uns ab. Dann ist das Meer neu und frisch, selbst dann, wenn ein Plastikkanister gerade angespült wird, denn wir wissen, das am Ende nicht der Müll, sondern das ursprüngliche Meer siegen wird. Wir werden nur eine Randerscheinung der Geschichte, der Evolution gewesen sein. Nichts weiter.

Unser eigenes, kleines Leben ist kurz. Wir produzieren viel Müll, und vieles im Leben war und ist am Ende nur Müll. Das ist die Realität. Wenn wir keine Spuren im Sand hinterlassen und niemand weiß, dass wir dort lang gegangen sind, dann ist alles so, wie es vorher gewesen war. So sollte es sein.

Das Meer wird seine Reinheit behalten.

Plastik ohne Ende

Heute, am 24.4.2018, lese ich in den Medien Berichte zum Plastik in den Meeren. In der Arktis hat man in einem Liter Meereis mehr als 12.000 Plastikpartikel gefunden. Was für ein Wahnsinn! Was für eine Verseuchung der Meere mit Plastik!

Mikroplastik, ein bedrohliches Wort.

Die Forscher sollen 17 Kunststoffarten gefunden haben. Verpackungsmaterialien wie Polyethylen und Polypropylen, auch Lacke, Nylon, Celluloseazetat.

Egal, wie es heißen mag, am Ende ist es Gift.

Egal, wie wieviel es tatsächlich ist, es ist zu viel.

Die ganz kleinen Teilchen können von Ruderflusskrebsen und Wimperntierchen aufgenommen werden. Wie bedrohlich! Wie fürchterlich!

Nein, ich habe kein Verständnis mehr für diese Menschheit!

Die Analysen mögen gut sein, richtig, vielleicht ausreichend, ich kann es nicht beurteilen, aber ich spüre den Wahnsinn! Für mich ist das nur ein ungeheurer Frevel an der Erde, am Meer, am Leben, und sonst nichts. Wozu noch Wissenschaft, wenn das das Ergebnis ist? Was haben die ganzen Plastikwissenschaftler angerichtet? Sind sie nicht genauso verantwortungslos wie die Atomwissenschaftler? Bloß nicht an die Folgen denken, bloß nicht an die Auswirkungen denken. Immer waren und sind sie Handlanger der Mächtigen, die ihre Profite machen wollen, womit auch immer.

Nach Schätzungen sollen jährlich 10 Millionen Tonnen Plastik in die Ozeane gelangen. 250.000 Tonnen Plastik sollen an der Oberfläche der Ozeane schwimmen. Mikroplastik aus zersetzen Plastiktüten und Plastikflaschen. Mikroplastik aus Synthetikkleidung, aus Reinigungsmitteln, aus Waschpulver, Shampoo, aus Kosmetikartikeln. Alles gelangt über die Abwässer ins Meer.

Was für eine Brühe! Was für eine ekelhafte Suppe!

Nordpazifischer Plastikstrudel.

Die Forscher sollen schockiert gewesen sein, aber sie drücken es nicht aus. Sie listen sachlich auf. Sie erklären die Situation. Aber müssten wir heute nicht viel emotionaler reagieren?

Wer die Natur und das Meer liebt, der reagiert emotional. Aber negative Emotionen sind gegenwärtig nahezu tabuisiert. Wut und Zorn auf die Verantwortlichen sind unerwünscht. Schon gar nicht darf man sich in seine Emotionen hineinsteigern.

Die Zerstörer der Erde und der Biosphäre haben de facto ihr Recht, auf der Erde dauerhaft leben zu dürfen, verspielt. Bücher und gute Argumente helfen nicht. Sie erreichen die Verantwortlichen nicht. Es ist so ungeheuerlich, dass einem angemessene Worte fehlen.

Es lässt sich für feinfühlige Menschen alles gar nicht mehr ertragen, so wahnsinnig ist es geworden, so ein ungeheuerliches Verbrechen an MUTTER MEER ist es.

Der Mensch, als Störer und Zerstörer der Welt, hat nur Wind verdient, Sturm, extreme Orkane, und die extremen Wetterlagen nehmen ja in der Tat zu, peitschende Winde, tagelangen, wochenlangen Regen, Überflutungen der Küsten, die Vernichtung all der schicken Häuser am Meer, der Superjachten, der Golfplätze, der Kreuzfahrtschiffe, die Vernichtung der ganzen Luxus-Narren-Welt.

Wasser – und auch Feuer – werden die Welt reinigen, so oder so, darauf können wir uns verlassen.

Vor Mallorca haben sie einen großen Hai gesichtet (29.6.18), wie ich in den Medien lese. Die Leute sind geradezu aus dem „Häuschen" wegen der Sensation. Die Umweltschützer freuen sich über das große, edle Tier, das sie nicht erwartet haben. Ein Weißer Hai, fünf Meter lang!

Wie mit so manchem Tier verbindet man auch mit dem Hai unschöne Assoziationen, dabei ist der Hai für das Ökosystem ein sehr wichtiger Fisch, vielleicht vergleichbar mit den Wölfen. Wie „gesund" das Meer dort nun tatsächlich ist, kann ich nicht beurteilen. Auf jeden Fall signalisieren große Tiere, dass sie sich von kleineren haben ernähren können, dass also die Nahrungskette, wenigstens teilweise, noch besteht.

Für die Touristen ist es eine Sensation, für Umweltschützer ein gutes Zeichen, für spirituelle Menschen eine Botschaft der Kraft des Meeres. Haie verfügen über ein ausgezeichnetes Riechvermögen. So können sie einen Blutstropfen im Meer riechen. Auch die Beute aus großer Entfernung (75 Meter) wittern.

Da der Mensch immer noch hinter abstrakten Phantomen herrennt und aus dem Hai ein Monster gemacht hat, wird es Zeit, dass er mal seine eigenen Sinneswahrnehmungen schult und fördert. Spüre mehr, rieche mehr, empfinde mehr!

7. Lektüren über das Meer

Tschingis Aitmatow: Der Junge und das Meer

„Am Ufer des Ochotskischen Meers leben die Niwchen, ein Volk von Fischern und Robbenjägern. Der halbwüchsige Kirisk darf zum ersten Mal mit aufs Meer hinausfahren und an einer Robbenjagd teilnehmen. Nach alter Tradition soll er auf dieser Fahrt sein Jägerhandwerk erlernen und mit dem Meer vertraut werden. Begleitet wird er von seinem Vater, vom Onkel und von Organ, einem weisen Greis.

Als sich das Boot im dichten Nebel verirrt, wird aus der Weihe ein lebensgefährliches Abenteuer. Die drei erfahrenen Männer greifen zum äußersten Mittel, um dem Jungen das Überleben zu ermöglichen. Sie opfern ihr eigenes Leben.“

So wird die Geschichte vom Verlag zusammengefasst. Es handelt sich nicht um eine Abenteuergeschichte, sondern um einen existentiellen Kampf um Nahrung und Überleben. Der Junge erfährt diesen Kampf in schlimmster, in brutalster Weise. Am Ende ist er allein, die alten Männer sind alle tot, er ist ganz allein, verstört, traumatisiert und muss sehen, wie er in Zukunft sein Leben führen kann.

Heutzutage betrachten wir diesen archaischen Existenzkampf auf dem Meer um Nahrung aus der Wohlfühlperspektive einer Spaßgesellschaft. Man fährt aus Spaß aufs Meer, fängt aus Spaß ein paar Fische – es sei denn, man ist ein ausgebeuteter Seemann auf einem der Schiffe, die weltweit die Meere plündern.

Kann man diese Geschichte noch als Initiation verstehen? Sind die drei toten Männer, die sich selbst dem Meer übergeben haben, damit wenigstens der Junge mit dem bisschen Trinkwasser durchkommt, nicht zu viele Opfer? Oder müssen wir es als normalen Lauf der Existenz sehen, dass viele sterben müssen, damit einer das Leben weiterträgt? Oder will Aitmatow doch eine Traumatisierung beschreiben?

Das Meer, das er in dieser Erzählung darstellt, ist ein höchst gefährlicher, brutaler und gnadenloser Raum. Eigentlich ist er für den Menschen nicht gemacht. Wir sind keine Delphine, keine Wale, keine Robben, keine Seelöwen! Wir sind dürre Steppenläufer – und vielleicht hätten wir das ja auch bleiben sollen. Nervöse Steppenläufer, die niemals und nirgends ankommen werden, die verschwinden werden als erbärmliche Irrläufer der Evolution.

Heute bilden wir uns natürlich ein, dass wir Menschen das Meer bezwungen haben, mit unserer Klugheit, mit unseren Technologien, mit den großen, gigantischen Schiffen. Darauf kann man sich etwas einbilden, aber jedes Schiff wird auch wieder verschwinden.

Die archaischen Jäger in Aitmatows Geschichte treibt der nackte Hunger aufs Meer. Sie brauchen Fleisch zum Überleben. Das kann man so hinnehmen, aber sich auch fragen, warum sich der Mensch in unwirtliche Regionen vorgewagt hat. Warum leben Menschen in der Arktis, warum, wozu? Wozu müssen dort überhaupt Menschen leben?

Das bringt mich zu der Frage, was der angemessene Lebensraum des Menschen ist? Vielleicht nur am Meer, als kleiner Fischer, der sich nicht zu weit hinauswagen sollte?

Die drei Männer und der Junge geraten auf ihrer Fahrt in einen Nebel, verlieren die Orientierung, haben viel zu wenig Trinkwasser im Boot und müssen schließlich ums nackte Überleben kämpfen. Beute und Waffen werfen sie sogar aus dem Boot. Haben also am Ende nichts, rein gar nichts. Sogar ihr Leben mussten sie für den Jungen opfern.

Spiritualität erscheint in Aitmatows Erzählung als wütende Anrufung und als verzweifelter Hilferuf des Jungen.

„He, du Hundeschlampe!", schrie er grimmig. „He, du Schamane der Winde!," schrie er, mit dem Ruder drohend, aus Leibeskräften in das nebelverhangene Dunkel. „Wenn du der Herr der Winde bist und kein Hundeass, wo sind dann deine Winde? Bist du, Hundeschlampe, in deiner Höhle verreckt, oder belagern dich die Rüden der ganzen Welt, und du weißt nicht, mit wem sollst du dich paaren, wer soll dich decken, oder lässt du dich lieber von allen nacheinander bespringen?..." In dieser Weise ruft Mylgun den „Schamanen der Winde" an, am Ende wirft er sein Ruder ins Meer und bricht verzweifelt zusammen, und heult.

Aber Organ, der weise, der erfahrene Jäger, der Alte, er kann auch nichts tun, er weiß keinen „Zauber", kann nur dulden und erdulden, und sich am Ende ins Meer werfen, als der Junge gerade schlief.

Und der Junge? Seine Kinderspiritualität kann nur immer rufen: *„Blaue Maus, gib Wasser!"* Aber es kommt kein Wasser, und wirklich helfen tut ihm sein Gebet nicht. *„Blaue Maus, gibt Wasser!"* Lächerlich, denn es gibt keine blaue Maus und Wasser gibt sie schon gar nicht. Die Wahrheit der Welt ist nihilistisch.

Am Ende der Geschichte hat der Junge vielleicht so etwas wie eine elementare Naturspiritualität gewonnen. Ein neues Krafttier, Aguku, die Polareule, gibt ihm Orientierung. Er nennt den Wind Organ, nach dem Alten, der sich für ihn ins Meer geworfen hat. Er sieht in einem Stern einen Schutzstern. Nennt ihn Emraijin, nach seinem verstorbenen Vater. Die Wellen nennt er nach seinem Onkel Aki-Mylgun-Wellen, sie sollen ihm Glück bringen. Aber sind diese spirituellen Bemühungen mehr als Verzweiflung, Selbstsuggestion als Trost in einer aussichtslosen Situation?

Der Junge überlebt, er erreicht wieder festes Land. Aber was hat er gewonnen?

Ernest Hemingway: Der alte Mann und das Meer

In Hemingways Erzählung geht es um einen alten Fischer, der schon lange nichts gefangen hat. Schließlich fängt er doch noch etwas, aber einen Fisch, der viel zu groß für ihn allein ist. Er kämpft mit dem Fisch, den er nach langen Bemühungen töten kann. Er bindet ihn an sein Boot und will zurück zur Insel Kuba fahren. Auf der Fahrt wird sein großer Fisch jedoch von Haien angegriffen. Einige tötet er, aber seinen Fisch verliert er zum größten Teil. Am Ende der Erzählung erreicht er die Küste, erschöpft, teilweise verletzt, vor allem jedoch ohne großen Gewinn.

Eine sinnlose, nihilistische Geschichte? Eine Geschichte über den Kampf mit und für einen Fisch ohne positiven Gewinn für den armen, alten Fischer?

Aufgefallen ist mir die typische Schizophrenie: Er liebt den Fisch, aber er tötet ihn. Die Schizophrenie aller Jäger, sie lieben ihre Beute, die sie töten. Weder zum Meer noch zu dem Fisch hat er ein wirklich positives Verhältnis. Der alte Mann interessiert sich nur für seine Beute. Als ihm die Haie diese wegnehmen wollen, wird er brutal, tötet die Haie – und hat am Ende doch gar nichts davon. Die sinnlose Gewalt des Jägers.

Spiritualität findet sich in der Erzählung nur rudimentär, oder in dummer Weise. Er will einige *Vater Unser* und *Ave Maria* beten, wenn er erfolgreich sein sollte. Spiritualität als billiger Kuhhandel. Wenn ich den Fisch gewinne, dann bete ich auch. Wirkliche Achtung und Dankbarkeit gegenüber dem Meer sehen anders aus.

Aber so ist der Mensch: ein brutaler, rücksichtsloser Jäger, Ausbeuter, Killer, der am Ende doch mit leeren Händen dasteht, alt und erschöpft, ohne Gewinn, ohne Sinn, ohne Bedeutung. Er hat nur andere Lebewesen getötet, nicht mehr und nicht weniger. Das Töten war sein Handwerk, ein anderes kannte er nicht.

Der alte Mann in Hemingways Erzählung ist nur ein einzelner alter Fischer. Man kann ihn bemitleiden. Die ganze Menschheit ist nicht besser. Sie hat heute bessere Schiffe, bessere Netze, bessere Techniken, aber das brutale Geschäft ist geblieben. Sie töten und töten. Und die vielen Delphine, die sie nebenbei auch noch töten, stören sie nicht. Den Haien hacken sie die Flossen ab, den Rest schmeißen sie ins Meer. Alte Netze schmeißen sie auch ins Meer. Viele Tiere gehen daran zugrunde, sogar Wale. Aber das stört den Menschen nicht, er tötet weiter. Wie ein von einem Dämon Besessener!

Wollte uns Hemingway das vermitteln? Der Mensch, von Dämonen und Phantomen besessen, der am Ende nur zerstört, nur eine Blutspur hinterlässt, eine Blutspur getöteter Tiere?

Schon lange denke ich, dass der Mensch vor allem ein destruktives Lebewesen der Evolution ist, nichts weiter. Soll er untergehen in seinem Wahn, in seiner endlose Gewaltspirale gegen Menschen und Natur, vor allem gegen die Natur, gegen alle Tiere, gegen alle Meere. Nein, kein Mitleid mehr! Weg mit den Menschen! Keine rosarote Delphinesoterik, wenn sie den Blick für die Realitäten vernebelt! Der Mensch ist so krank, dass ihn nichts heilen kann. Was nicht geheilt werden kann, muss sterben und verschwinden.

Wenn der alte Mann von Hemingway wenigstens Reue gezeigt hätte, und einen Wandel der Ansichten. Aber das sucht man bei solchen Autoren wohl vergeblich. Und nicht nur dort. In der Realität findet man sie ja auch nicht, nur bei wenigen, bei den meisten nicht.

Juri Rytchéu: Wenn die Wale fortziehen

Juri Rytchéu vermittelt uns in seiner Erzählung eine positive Schöpfungsgeschichte. Eine positive Schöpfungsgeschichte handelt von der Gemeinschaft zwischen dem Menschen und der Natur, von einem verbindenden Einheitsgefühl und einer Würdigung des Lebens.

Nau ist in dieser Geschichte vom Menschen, dem Wal und dem Meer die Urmutter der Menschen. Am Anfang ist sie noch allein, allein mit sich und ihrem mystischen Einheitsbewusstsein.

„Nau fühlte sich eins mit dem kräftigen Wind, dem grünen Gras und dem feuchten Kiesel, mit den hohen Wolken und dem endlosen blauen Himmel." (S.5)

Naus Bewusstsein erwacht allmählich, aber immer im Sinne einer intensiven Naturverbundenheit. Diese wird sie ihr ganzes Leben lang nicht mehr verlassen. Ein Wal verwandelt sich in einen Mann und sie teilen das Geheimnis der Großen Liebe. Rytchéu beschreibt in poetischer Weise die Vereinigung von Nau und dem Wal-Mann.

Haben wir, in „unserer" Kultur, eine positive Schöpfungsgeschichte, die mit der heiligen Verbundenheit von Frau und Mann, von Yin und Yang beginnt? Nein, wir haben sie nicht. Wir müssen uns in der westlichen Kultur sogar bemühen, die Hochzeit von Erde und Himmel, von Land und Meer positiv und mystisch vorzustellen. Aber um so mehr können wir Rytchéus poetische Schöpfungsgeschichte schätzen.

Die Schöpfung der Welt beginnt mit der Hochzeit von Feuer und Wasser, sie beginnt mit tiefem Verbundenheitsgefühl und heiliger Gemeinschaft. Sie beginnt eben nicht mit diktatorischem Gehabe und patriarchalischen Machtgedanken. Das hat mit der schönen Natur-Welt, der naturmystischen Welt bei Rytchéu nichts zu tun. Hier haben wir also eine poetische Schöpfungsgeschichte, die mit der Frau beginnt, mit dem Meer, dem Wal und der heiligen Schönheit der Natur.

Aber leider zeigt uns Rytchéu in seiner Erzählung die typische Degeneration, den Abstieg vom goldenen Zeitalter in ein Zeitalter der Gier und der Unersättlichkeit. Schon lange frage ich mich, warum es nicht die andere Entwicklungstendenz gibt, nämlich hin zu einem Zeitalter der Harmonie und der Verbundenheit mit der Natur. Ist der Mensch so von destruktiven Dämonen besessen, dass er diesen Weg nicht gehen kann, nicht gehen will? Warum gibt es so wenige, wirklich positive Visionen einer harmonischen Zukunft?

Zunächst schildert Rytchéu die positive Entwicklung einer menschlichen Zivilisation, einer Gemeinschaft mit dem Meer.

Die Wale und Menschen sind ein Volk!

Sind Brüder des Meeres, der Erde!

Und geboren zur ewigen Freundschaft! (S.38)

Später, am Ende der Erzählung wird genau das zerstört. Im ersten Kapitel ist die Gemeinschaft, die familiäre Verbundenheit, die harmonische Einheit von Mensch und Natur, von Meer und Mensch, von Wal und Mensch noch vorhanden.

Enu, ein Nachfahre der Nau, kennt die Schöpfungsgeschichte, aber er glaubt sie schon nicht mehr richtig. Zweifel und Skepsis sind der Beginn der Zerstörung, die am Ende in der Apokalypse enden wird.

Aber Enu macht eine wichtige Erfahrung. Auf einer Jagd drohen er und seine Jäger zu ertrinken, aber sie werden von den Walen gerettet. Diese elementare Erfahrung, von Walen gerettet zu werden, führt bei ihm zu Dankbarkeit und zu einem schamanischen Weltbild. Er schlägt das Tamburin, die Schamanentrommel, er tanzt den Tanz des Wales und er singt ein Loblied, ein Kraftlied.

Der Mensch ist Mensch nur,

wenn einen Bruder er hat; und seine Seele dürstet,

dem Bruder Gutes zu tun.

Der Tod hat von uns gelassen,

nachdem er schon mit schweren Flügeln uns streifte.

Die Wale retteten uns.

Lobpreisen wollen wir sie

und ihnen danken. (S.61)

Der ursprüngliche Glaube, mit der Natur eine Einheit zu bilden, kann durch die schamanische Praxis gestärkt werden. Trancetanz und Gesang sind hier die Methoden.

„Der heilige Tanz des Wales war die Geburt eines neuen Brauchs im Leben der Bewohner des Kaps der Kiesel und festigte ihren Glauben an ihre ungewöhnliche Herkunft, an die magische Verbundenheit mit den Walen.

Enu sang und fühlte, wie die Worte des neuen Liedes, ohne dass er sich darum bemühte, von allein in seiner Seele entstanden; sein Zustand verwunderte ihn, denn ihm war, als habe ein anderer, neuer Mensch Einzug gehalten in ihm, und dieser würde singen durch ihn...

Bruder ist einfach nur,

wer dir gleicht.

Bruder ist – wer Mitleid hat mit dir

im Unglück und zu Hilfe eilt..." (S.61)

Es handelt sich hier nicht um Verstandeswissen, um angelerntes Wissen, sondern um ein Wissen, das auf einer konkreten, realen Erfahrung in der Natur basiert. Erfahrung ist die Basis des Schamanismus. Wir dürfen das nicht vergessen. Auch bei dem Wort „Glaube" müssen wir eher an ein Gefühl, ein intensives Einheitsgefühl mit der Natur denken, bzw. diese Einheit fühlen. Wenn wir sie nur „denken", dann erfahren wir sie niemals wirklich.

Im Zeitalter des magischen Bewusstseins gab es vor allem Gefühle und konkrete Erfahrungen in und mit der Natur. Man lebte noch ganz in ihr. Es gab noch keine trennende Zivilisation, es gab noch keine Buchreligion. Alles war konkret, sichtbar, erlebbar, spürbar. Man sah das Meer jeden Tag, man hörte es, fühlte es mit ganzer Seele und dem ganzen Sein.

Forschungsdrang und Fragen nach dem Wesen, den Ursprüngen der Natur, zerstören diese noch nicht, noch lange nicht. Erst später in Rytchéus Geschichte taucht ein gewisser Armagirgin auf, der von absolutem Machtdrang getrieben, besessen von zynischer Verachtung der Tiere, schließlich sogar den Wal, also den „Bruder", tötet. Erst damit beginnt der Niedergang, und Nau, die Urmutter des Lebens, stirbt am

Ende der Geschichte.

Aber mich interessieren Degeneration und Untergang nicht. Mich interessiert die Frage, warum sich das Unheil nicht abwenden lässt. Warum konnte bisher keine Wende erfolgen? Warum haben die gierigen Machtmenschen das Sagen? Warum bestimmten sie den Lauf der Welt, und nicht die Schamanen, die immer für die Bewahrung des Lebens, der Erde, der ganzen Natur eingetreten waren?

Wir können Gier, Aggression, Machtdenken, Selbstherrlichkeit etc. nennen, aber reichen diese Erklärungen aus? Warum siegt die Krankheit und nicht die Gesundheit? Warum gibt es keine gesunde, ordentliche Zivilisation? Warum gibt es keine Heilige Ordnung, an die sich die Menschen halten? Warum verachten sie ihre Mutter, also die Natur? Warum sind sie so besessen von ihrer kleinen Macht? Warum bilden sie sich die Weltherrschaft ein?

Rytchéus Geschichte ist eine Parabel, von der Einheit von Mensch und Natur hin zur Zerstörung. Wir bräuchten eine Geschichte, die genau in die andere Richtung geht, also in die Richtung einer Heiligen Ordnung, mit dem Meer und der ganzen Natur. Aber heutzutage meint jeder kleine Perverse, dass seine Perversion ganz normal sei, ganz natürlich. Der Perverse will sich nicht an eine Ordnung halten, er will seine eigene Perversion zur Ordnung erklären. Egal, welche Existenzebene wir nehmen, die biologische, sexuelle, mentale, soziale, kreative, politische, spirituelle etc., es gab und gibt immer eine Heilige Ordnung des Lebens, welche die Harmonie garantiert. Wenn Auswüchse jedoch zum Normalen deklariert werden, dann gibt es keine mehr, dann gerät das ganze System aus den Fugen. Und genau das können wir heute überall erkennen. Wenn wir es denn noch erkennen wollen oder können!

Zurück zum Meer. Am Ende suchen wir bei Rytchéu auch vergeblich nach einer positiven Verbundenheit mit dem Meer, nach einer Achtung und einer Philosophie des Meeres, die uns erfreut und inspiriert. Rytchéu, wie die allermeisten Autoren, bleibt sie uns schuldig. Er denkt vermutlich auch „realistisch", wenn er den destruktiven Niedergang beschreibt, das machtgierige, zynische Verhalten eines Armagirgin, der einer noch lebenden Robbe das Fell abzieht, um sie dann, immer noch lebend, zurück ins Meer zu werfen. Wie widerlich und abstoßend ist das

Verhalten des Menschen! Man tue es nicht als Einzelfall ab, denn viele verhalten sich so oder ähnlich pervers.

Heute, 2016, reicht es, denke ich. Wo sind sie, die Visionen einer positiven Zukunft? Wo ist sie, die positive Vision eines wunderbaren und herrlichen Meeres, das sauber ist, das heil und gesund ist?

Ich finde sie bei Lisa Biritz: Spirit der Delphine und Wale.

Über das Meer und die Götter hatte er nichts in seiner Jugend erfahren. Der jüdische Schöpfergott hatte nichts mit dem Meer zu tun, schon gar nicht mit der Nordsee.

Eine Mythologie der Nordsee gab es nicht.

Poseidon, der wurde mal erwähnt. Der griechische Meeresgott mit dem Dreizack. Aber das war es dann auch schon.

Warum gibt es keine Mythologie des Meeres, des nordischen Meeres, der Nordsee, der Ostsee? Gab es nie wirklich eine, hatten die Menschen der heutigen und ehemaligen deutschen Küsten keine?

Thule, Island, das ist weit weg.

Die Wikinger, auch weit weg.

Die alten Zeiten der Germanen und der Wikinger sind lange, lange vorbei. Man kann sie nicht zurückholen, nicht reaktivieren. Sie sind vorbei.

Anders als die Eskimos waren und sind wir nicht so völlig abhängig vom Meer, vom Fleisch und Fell der Robben, von Lachsen und anderen Fischen, dass wir eine MUTTER DES MEERES, die uns Leben gibt – und auch nimmt – hätten entwickeln müssen.

Aus dem „Matjes" lässt sich keine „Mythologie" zaubern.

Aus den kleinen, gekochten Krabben auch nicht.

Beides ist beliebte Nahrung, bis heute, aber eben auch nur das. Ebenso der Kabeljau oder die Scholle. Nahrung und nichts weiter dahinter.

An der Nordsee redet man manchmal noch vom „blanken Hans". Eine eher erbärmliche Personifikation der unberechenbaren und wilden Nordsee.

Es gibt ein Gedicht von Detlev von Liliencron, in dem es um die Zerstörungsgewalt der Nordsee geht.

Doch einmal in jedem Jahrhundert entlassen
Die Kiemen gewaltige Wassermassen.
Dann holt das **Untier** tief Atem ein,
Und peitscht die Wellen und schläft wieder ein.

Viel tausend Menschen im Nordland ertrinken,
Viel reiche Länder und Städte versinken.
Trutz, Blanke Hans.

Aber viel mehr erfährt man nicht über das Untier. Es bleibt vage, unbestimmt.

Auf youtube findet sich ein Video mit dem Lied von Achim Reichel. Guter, deutscher Rock! Die Vertonung des Ungeheuers scheint gelungen und perfekt.

https://www.youtube.com/watch?v=RlqwiR8nMqI

Ein apokalyptisches Beschwörungs-Lied. Eine eindringliche Warnung an unsere maßlose und wahnsinnig geworden Welt. Er fragte sich, ob es sich um eine Mythologie der Zerstörung oder vielleicht sogar einer heimlichen Lust an der Vernichtung handeln könnte, denn, so mögen manche denken und es wünschen, das Falsche, das Eitle, das Protzige muss vernichtet werden.

Und rauschende, schwarze, langmähnige Wogen
Kommen wie rasende Rosse geflogen.
Trutz, Blanke Hans.

Ein einziger Schrei - die Stadt ist versunken,
Und Hunderttausende sind ertrunken.
Wo gestern noch Lärm und lustiger Tisch,
Schwamm andern Tags der stumme Fisch.
Heut bin ich über Rungholt gefahren,
Die Stadt ging unter vor sechshundert Jahren.
Trutz, Blanke Hans!

Poseidon, der griechische Gott des Meere ist bekannt. Warum ist er männlich? Manches wird als männlich empfunden, anderes als weiblich. Logisch ist das nicht, sondern eben ein Gefühl. Poseidon, der wil-

de Mann des Meeres, der alles aufwühlen kann und der, wie man nachlesen kann, viele Kinder gehabt haben soll. Ein Vielzeuger. Ein potenter Gott also.

Nur, vor den bekannten griechischen Göttern kamen die Titanen. Gaia und Uranos, die Erde und der Himmel. Elementare Götter also. In der Gruppe der Titanen gibt es Okeanos, der stärkste der Titanen, der mit seiner Schwester Tethys Flussgötter, Meeres- und Quellnymphen zeugte. Ums Zeugen geht es viel in der griechischen Mythologie. Für Moralisten grauenhaft. Aber es geht nicht um Moral, sondern um die Vernetzung von Naturelementen und Naturphänomenen.

Heute spricht man von Vernetzungen. Damals stellte man sich das Gegenüber der Natur so vor, wie man es von der Menschenwelt her kannte. Alle zeugten irgendwie, dabei ging es nicht zimperlich zu und auch Geschwister zeugten miteinander Kinder.

Er fragte sich, ob man Poseidon als einen Gott des Meeres verehren könnte. Vermutlich ist dessen Zeit für immer vorbei. Wir sind keine griechischen Recken, die sich um die Vorherrschaft prügeln wie Sparta und Athen, dachte er. Wir Deutsche sind keine Seefahrernation wie die Wikinger oder die Engländer.

Wir sind Landmenschen. Waldmenschen, die mal ans Meer kommen.

8. Die Odyssee

Jeder kennt Odysseus, die Odyssee, die Irrfahrten des Odysseus und seine späte Heimkehr nach der kleinen Insel Ithaka. Das gehört zum europäischen Kulturgut, zum Weltkulturerbe.

Es handelt sich um eine grundlegende Geschichte (Mythos), die uns etwas über das Wesen des Menschen vermittelt. Einerseits die Klugheit, der Verstand des Menschen – andererseits bleibt er ein Spielball der elementaren Kräfte, hier vor allem der Kräfte der Winde und des Meeres. Auf der einen Seite die menschliche Intelligenz, auf der anderen Seite aber die mächtige Natur, denen der Mensch unterworfen ist, die ihn hierhin und dorthin treiben kann.

Der Mensch kann vieles, aber er kann nicht alles. Wenn er es dennoch von sich meint, dann leidet er an Hybris. Wir leben heute, wenn man so will, im Zeitalter der ausufernden Hybris. *Wir schaffen das*, ein typischer Satz. Überheblichkeit! Arroganz! Alles muss das Größte sein! Alles muss gigantisch sein! Die größten Schiffe aller Zeiten fahren auf den Meeren herum. Alles wird genau geplant, genau gesteuert, genau kontrolliert.

Zu Zeiten von Odysseus war das noch ganz anders. Aber am Ende bleiben wir doch völlig abhängig von den Kräften der Natur, denen wir uns anpassen und unterordnen müssen. Unser Anrennen und Wüten dagegen hilft uns gar nichts. Die große, unendliche Natur wird immer die Siegerin bleiben!

Die Meere werden immer mächtiger sein!

Sie werden unsere ganze Zivilisation vernichten. Stürme, Fluten, Klimawandel, Schmelzen der Polkappen, ansteigender Meeresspiegel. Damals, zur Zeit von Odysseus, da fing alles erst an, auch wenn es schon den WAHNSINN gab, die HYBRIS, aber verglichen mit der heutigen Zeit war das Mittelmeer noch nicht gänzlich erforscht, die Seefahrt noch nicht so sicher und planbar wie heute, und die Welt des Okeanos, des Atlantischen Ozeans, wild und ungeheuerlich.

Homer

Homer ist der Dichter der Odyssee (Schadewaldt, Hönig, siehe Literaturhinweise), auch wenn es Literaturwissenschaftler gibt, die anderer Meinung sind. Es ist irgendwie auch sinnvoller, von einem genialen Dichter auszugehen, der dieses Werk geschaffen hat.

Entwicklungen, Strömungen, Ideen, Kenntnisse von Geschehnissen, von Nautik, von Mythologien, Gedanken, Visionen – alles das verdichtet sich in einer Person, in einem Dichter, bzw. Sänger (Aoidós). Für all das steht Homer. Er repräsentiert das Verbindende der Dichtung, so wie Goethe für uns die ganze Klassik repräsentiert. Gewissermaßen ist ein Dichter auch eine mythologische Figur. Er schafft aus allem Material ein Kunstwerk, das er uns vortragen kann.

„Ursprünglich wurden die Erzählungen von Troja und Odysseus live vorgetragen, begleitet von einem Saiteninstrument, der vielsaitigen Phorminx, durch Sänger, Aoidoi, die frei, d.h. ohne geschriebenen Text, in Hexametern sangen in hohen Hallen vor Königen und ihrer adligen Gesellschaft." (Hönig, S.5)

Genaues wissen wir über Homer nicht. Er soll von 770 bis 700 vor Christus gelebt haben, an der Küste Kleinasiens. Da wir nichts Genaues wissen, da wir kein Foto und keine sonstigen Daten haben, können wir einfach unserer Vorstellungskraft freien Raum lassen.

Ein Dichter wächst am Meer auf, kennt und erfährt das Meer, in seiner Kindheit, in seiner Jugend, in seinem Leben. Da er am Meer gelebt hat, wird er sich in Schiffen und Schifffahrt ausgekannt haben. Das Wasser, die Winde, die Schiffe, das Wetter – alles wird er in vielfältiger Weise erfahren haben. In seiner Jugend wird er von den alten Geschichten gehört haben, vom Kampf um Troja und vom klugen und listenreichen Odysseus und seinen wahnsinnigen Irrfahrten durchs Mittelmeer. Irgendwann wird in ihm die Idee entstanden sein, es vielleicht noch besser, noch intensiver, noch poetischer darzustellen. Kein Dichter beginnt im Nirgendwo. Der allererste Dichter der Urzeit wird mit ein paar Liedern begonnen haben, ein paar Gesängen. Dann ging es immer weiter und weiter, der eine lernte vom anderen, der eine beeinflusste den anderen, und das bis in die heutige Zeit hinein.

Vielleicht hatte er auch eine intensive Gesangs- oder Rezitationstechnik, eine besondere Stimme. Dichter mussten ihre Werke gut vortragen können, sie mussten eine besondere Stimme haben. Stellen wir uns also einfach einen Mann mit einer herausragenden Stimme vor, die sein Werk intensiver und lebendiger werden ließ. Vielleicht hatten seine Zuhörer das Gefühl, er wäre gerade von einer langen Reise übers Meer zurückgekehrt. In seiner Stimme schwang das Meer mit, die Winde, die Wellen, die Stürme und die endlose Ferne der offenen See.

Odysseus

Odysseus ist der Prototyp des Seefahrers, der sich einerseits mit dem Meer auskennt, aber andererseits Opfer von Winden und Strömungen wird. Christoph Hönig beruft sich in seinem Aufsatz auf den englischen Navigator und Homerkenner Ernle Bradford. Für ihn ist Odysseus ein Forscher unbekannter Gebiete des Mittelmeeres. „Die Fahrt des Odysseus ist daher in verschiedener Hinsicht der des Kolumbus vergleichbar. Von dem Augenblick an, wo er Griechenland hinter sich lässt, wird er mehr als der Held von Troja, dessen Kriegslist den Untergang der Stadt herbeiführte – er wird zum Inbegriff aller Weltmeer-Erforscher." (Hönig, S.6) Das mag stimmen.

Aber Odysseus ist auch leidender Spielball elementarer Kräfte des Meeres, die ihm schwer zusetzen, die ihn einfach nicht nach Hause kommen lassen wollen, wohin er doch letztendlich nur will. Sein Ziel ist Ithaka, keine unbekannte Gegend des Meeres oder eine noch unerforschte Insel.

Homers Text ist Dichtung. Sie hat reale Aspekte, und Homer hat sicher reale Orte im Kopf gehabt, die er genau benennen und beschreiben konnte. Darüber hinaus geht es Homer als Dichter darum, etwas allgemein Menschliches zum Ausdruck zu bringen. Beide Aspekte gehören zusammen und bilden eine Einheit.

Was in seiner Möglichkeit als Seefahrer liegt, das vermag Odysseus zu realisieren. Aber am Ende sind es die Götter, die Naturgewalten, die sein Leben bestimmen. Poseidon, der Gott des Meeres, will seine Rückkehr verhindern. Athene, die Göttin des Wissens und der Weisheit, will seine Rückkehr unterstützen. Somit haben wir den existenziellen Kampf zwischen den elementaren Kräften und der Rationalität. Odysseus kann das nur teilweise beeinflussen, er muss es eben auch ertragen und erdulden. Am Ende gelangt er nur mit Hilfe zurück nach Ithaka, woran wir sehen können, dass der Mensch alleine nichts ist.

Bei den Lotophagen

Als Odysseus und seine Männer die Südspitze des Peleponnes umfahren wollen, werden sie durch einen Nordwind nach Südwesten abgetrieben und landen nach neun Tagen auf Dscherba, heute Tunesien. Dort wohnen die Lotophagen, die Lotusesser. Die von Odysseus ausgesendeten Kundschafter essen die ihnen angebotenen Früchte und wollen danach gar nicht mehr weitersegeln, also Richtung Norden oder Richtung Ithaka. Mit Gewalt muss Odysseus die Weiterreise erzwingen.

Was ist das für eine besondere Frucht? Bei Homer finden wir keine genauen Angaben dazu. Auf jeden Fall haben wir eine drogenähnliche Wirkung, die weitere Aktionen auf dem Meer verhindert. Warum sich Gefahren aussetzen, wenn alles wunderbar sein kann? Inzwischen scheint aber das Rätsel des Lotus gelöst zu sein.

„**Nymphaea caerulea** gehört zu den Teichrosengewächsen und blüht im Frühling.

Blauer Lotus ist auch unter dem Namen Nymphea Caerulea bekannt und wurde erstmals im alten Ägypten erwähnt. Die Ägypter schätzten die Pflanze zum einen wegen ihrer Duftstoffe und zum anderen, so jedenfalls vermuten Historiker heute, wegen ihrer berauschenden Wirkung. Blauer Lotus versetzte sie demnach in ekstatische Zustände. Es wird auch vermutet, dass die Ägypter beim Genuss der Droge gezielt Halluzinationen hervorrufen wollten.

Die ursprüngliche Annahme, dass es sich beim blauen Lotus für die Ägypter lediglich um eine symbolische Pflanze ohne Nutzwert handelte, wird dagegen kaum noch vertreten." (www.ethnobatanik.net)

Wer sich dem Drogengenuss hingibt, der sieht keine Notwendigkeit, gefahrvolle Fahrten auf sich zu nehmen. Er bleibt an Land, er bleibt dort, wo seine Zauberpflanzen wachsen. Vielleicht pflegen diese Lotophagen einen *easy life-style*, also das komplette Gegenteil zum Lebensstil des Kriegers und Kämpfers Odysseus, der ja gleich nach dem langen trojanischen Krieg noch schnell eine Insel und ein Volk überfallen musste (Ismaros, Kirkonen). Güter und Frauen wurden verteilt, wie üblich, Gelage wurden gefeiert und viel Fleisch verzehrt. Das ist der aggressive Zwang: Eine Insel zu überfallen, Männer zu töten, die Frauen zu vergewaltigen (man muss davon wohl ausgehen), den Wein in Strömen fließen zu lassen und sich die Bäuche mit Fleisch zu füllen.

Der Rausch ist hingegen der Zwang, alle Aktionen einfach sein zu lassen. Wenn Odysseus dem nachgegeben hätte, dann wäre die Reise auf Dscherba zu Ende gewesen, dann hätte es keine Irrfahrt gegeben.

Beim Kyklopen Polyphemos auf West-Sizilien

Wer ist dieser Polyphemos, dieser Riese?

Die Geschichte ist bekannt. Odysseus dringt in die Höhle des Polyphemos ein, findet dort Zicklein, Lämmer und Käse. Somit ist Polyphemos ein typischer Tierhüter. Aber er hat eine andere Seite, brutal und gefährlich. Er verfügt über gigantische Kräfte, tötet Gefährten von Odysseus, verspeist sie. Er ist also ein Kannibale. Handelt es sich hier um einen Kannibalen oder repräsentiert Polyphemos Urkräfte der Natur, die für den Menschen tödlich sind? Die kulturelle Seite stellt für den Leser kein Problem dar, sich um Tiere kümmern, sie melken, Käse herstellen, man kennt das. Unzivilisierte Brutalität und Gewalttätigkeit kennen wir sowohl vom Menschen als auch von der Natur.

Vulkane sind bedrohliche Wesen. Sie haben ein Auge, sie schleudern Steine in die Luft und ins Meer. Sie vernichten den Menschen, ohne Rücksicht, einfach so. Polyphemos ist ein Sohn des Poseidon, des Meeres. Das Adjektiv „polyphemos" bedeutet vielstimmig, vielredend. Vulkane können viele Geräusche von sich geben. Vulkane können aus dem Meer aufsteigen und wachsen. Das neue Land kann fruchtbar sein, aber die Gefahr ist immer vorhanden, und urplötzlich kann alles Leben vernichtet werden.

69

Vielleicht handelt es sich bei Polyphemos um eine Art Albtraumgeschichte. Die lockende Seite der Natur, Fleisch und Käse, und die vernichtende Seite, die brutale Gewalt, die unbarmherzig zuschlagen kann.

Odysseus hat die beiden Seiten: Tricks (Intelligenz) und Gewalt (Aggression). Er macht den Kyklopen trunken und er vernichtet dessen einziges Auge. Unter den Schafen hängend gelingt ihm und seinen Leuten die Flucht aus der Höhle, der Falle, aber später macht er sich über Polyphemos lustig und lässt seinem Spott freien Lauf, als er ihn nach gelungener Flucht verhöhnt. Er hatte gesagt, er würde Oudeis heißen, Niemand, am Ende nennt er jedoch im Triumph seines scheinbaren Sieges seinen richtigen Namen. So hat auch Odysseus zwei gegensätzliche Seiten: Verstand und Zynismus.

Alle Naturkräfte wollen ernst genommen werden, wollen respektiert werden. Wer sich über sie erhebt, sie verachtet, muss mit ihrer Gegenwehr rechnen. Poseidon, der Gott des Meeres, der hinter Polyphemos steht, verhindert die Heimkehr des Odysseus, zeigt ihm die ganze Macht des Meeres in vielfältiger Weise. Naturgewalten lassen sich nicht verachten und verhöhnen. Der Mensch ist, bei aller Intelligenz, allen Tricks und Listen, am Ende doch ein schwaches, ausgeliefertes Wesen.

„Höre Poseidon! Erdbeweger, mit der schwarzen Mähne! Bin ich wahrhaftig dein und rühmst du dich, daß du mein Vater bist: gib, daß Odysseus, der Städtezerstörer, nicht heimgelange, des Laertes Sohn, der auf Ithaka die Häuser hat! Doch ist sein Teil, daß er die Seinen sieht und in sein wohlgebautes Haus und in sein väterliches Land gelangt: spät komme er heim, auf schlimme Weise, nachdem er verloren alle die Gefährten, auf einem fremden Schiff, und finde Leiden in seinem Hause!" (Schadewaldt, S.122)

So betet Polyphemos zu Poseidon. Sein Gebet nimmt das Schicksal von Odysseus vorweg. Es kommt mir vor wie ein Fluch. Vielleicht können wir es den Fluch des Meeres nennen. Das Meer ist eigentlich nicht die Dimension des Menschen, sondern das Land. Der Mensch ist ein Lebewesen des Landes. Dort ist er den Unbilden der Jahreszeiten und des Wetters ausgesetzt. Gewitter, Hagel, Blitze, Regen, Hitze, Dürre, alles kann im Übermaß das Leben schwer machen. Auf dem Meer ist es nicht anders.

Will uns Homer sagen, dass der Mensch vom Schicksal und den Göttern ein verfluchtes Wesen ist? Sind seine listen- und trickreichen Siege nur Scheinsiege, die nicht lange Bestand haben? Siegt am Ende das wilde, gewaltige, unberechenbare Meer? Also Poseidon, der wilde, archaische Gott mit dem Dreizack?

Auf der Insel des Windes, des Windgottes Aiolos (Ustica?)

Eine Insel des Windes oder der Winde kann man sich gut vorstellen. Ob es wirklich Ustica, nordwestlich von Sizilien gelegen, war oder nicht, finde ich weniger wichtig. Odysseus gelangt zum Gott des Windes. Es gelingt ihm, einen Weg zurück zur Heimat zu finden, indem er die Kräfte des Windes meistert. Symbolisch wird das ausgedrückt durch den Lederschlauch, in den Aiolos alle störenden Winde (Kräfte, Energie) packt, um so eine schnelle und direkte Heimfahrt nach Ithaka zu ermöglichen.

Wenn man seine Energien bündelt, dann kann man zielsicher etwas erreichen. Hier ist es die Heimat. Anders gesagt: Man muss sich richtig mit den Kräften des Meeres auskennen, dann funktioniert es.

Nach neun Tagen Seefahrt erreichen Odysseus und seine Gefährten auch tatsächlich fast Ithaka. Nur, es gibt ein typisch menschliches Hindernis. Hier ist es der Neid auf den erzielten Gewinn, den Odysseus in seinem Schiff lagert. Seine Gefährten drängt es, den Lederschlauch des Aiolos aufzumachen, mit fatalen Folgen. Neid und Gefühle von Ungerechtigkeit sind Gift für jede Gemeinschaft, zerstören alles.

Odysseus und seine Gefährten werden zurück zur Insel des Windes getrieben. Odysseus möchte noch einmal Hilfe erhalten, aber Aiolos lehnt ab, weil die Götter den Seefahrer hassen. Wem das Schicksal nicht wohlgesonnen ist, der muss eben sein trauriges Schicksal ertragen. Der Fluch des Polyphemos ist stärker. Die störenden Energien sind mächtiger als die menschlichen Fähigkeiten der Navigation. Die menschliche Intelligenz ist nicht gut genug, sie kommt gegen die Gewalt der Winde (Energien) nicht an. Intelligenz vermag nicht alles, oder sogar nichts, wenn es störende Emotionen gibt. Störende Emotionen verhindern beim menschlichen Vorankommen sehr viel. Sie sind oft destruktiv und man bleibt im Schlamassel stecken, also geht die Irrfahrt weiter. Die Irrfahrten des Menschen werden solange weitergehen, bis er seine bösen Emotionen in den Griff bekommt.

Beim Volk der Laistrygonen (Korsika?)

Odysseus kommt mit seinen Schiffen zu den Laistrygonen und erlebt dort die Katastrophe. Er verliert durch den Angriff dieser aggressiven Wesen Schiffe und Mannschaften, nur er selbst kann mit seinem verbliebenen Schiff Richtung Mittelitalien entkommen.

Wer oder was sind diese aggressiven Laistrygonen?

Bei Wikipedia werden mögliche reale Orte zusammengestellt. Handelt es sich um Menschen, die von Aggressionen getrieben sind, oder handelt es sich mehr um ein Naturereignis?

Oben wurde die Heimkehr durch Emotionen wie Neid und dem Gefühl der Ungerechtigkeit behindert. Hier ist es noch schlimmer. Grundlose Aggression. Ich finde jedenfalls keinen überzeugenden Grund im Text von Homer.

Vielleicht ist es auch eine völlige Fehleinschätzung eines scheinbar sicheren Hafens. Eine Bucht, geschützt von steilen Felsen, eine schmale Einfahrt. Scheinbar sicher vor den Unbilden des Meeres. Aber wohl nicht vor den Bergen. Vielleicht gab es Regen mit verheerenden Felsstürzen.

In der Dichtung wird oft alles personalisiert. Aber wir müssen uns natürlich heute fragen, ob es psychologische Aspekte sind oder nur Naturphänomene. Man kann sich beides vorstellen: eine Naturkatastrophe und ein aggressives, total abweisendes Volk. In der Wirkung ist beides sehr destruktiv! Während es oben noch um eine fatale Dummheit und Behinderung ging, geht es hier um fast völlige Vernichtung.

Kirke

Es folgt die story mit der Zauberin Kirke. Die ultimative Behinderung für die Rückkehr zur heimatlichen Ordnung ist fremder Sex mit fremden Frauen. Kirke ist natürlich ambivalent, einerseits die schöne Frau, die Verführung, andererseits die Zauberin, die Hexe, die gefährliche Frau, die den Mann zerstören kann. Interessant, dass Homer hier recht deutlich die Kastrationsängste des Mannes beschreibt. Um das nicht erleben zu müssen, lässt er Kirke einen Eid schwören, ihm keinen Schaden zuzufügen.

Männer halten sich für stark und unbezwingbar. Aber sie sind es nicht wirklich. Eine schöne Göttin und weitere hübschen Damen können den Krieger Odysseus und seine Gefährtin platt machen, buchstäblich. Und sie bleiben dann ja auch längere Zeit bei Kirke. Eine Sexeinlage war schon zu Homers Zeiten eine tolle Sache. Sex, gutes Essen, sicher auch Musik, bequemes Leben, man könnte die Reise doch eigentlich beenden.

Kirke scheint eine Priesterin der Naturreligion zu sein. Es ist die Rede von einem Wald und wilden Tieren. Spiritualität der Natur scheint für Odysseus jedoch keine Option zu sein. Er bleibt bei seinem bisherigen Ziel, zurück zur Heimat Ithaka.

„Nur wenige Kilometer von Cap Circeo entfernt befand sich eines der ältesten Heiligtümer Italiens: der Tempel der Göttin der wilden Tiere und des Waldes, Feronia („fer" = „wilde Tiere"). Sie war eine vorrömische Naturgöttin. Zu ihrem Heiligtum gehörte darum sicher ein Gehege wilder Tiere. Wie damals gibt es heute hier viele Wildschweine und neuerdings sogar einen Wildpark." (Hönig, S.13)

Odysseus ist der typische Krieger-Mann. Eine Frau ist gut fürs Lager, mehr aber auch nicht. Eine Frau als „Göttin" der Natur, die man achtet und verehrt, für ihn wohl undenkbar. Odysseus ist ganz der Patriarch. Er als Mann will bestimmen. Das Meer kann somit auch keine Mutter für ihn sein, nur ein großer Raum des Wassers, den man durchsegeln muss, um ans Ziel zu kommen.

Wenn er spirituell aufgeschlossen gewesen wäre, dann hätte er bei Kirke vielleicht etwas lernen können. Aber warum soll ein Mann lernen? Ein Mann will nur das Eine. Weil er Gewalt angedroht hatte, „mit gezücktem Schwert", gibt Kirke nach: „Stecke dein Schwert in die Scheide und komme, besteige mein Lager! Vereinigen wir uns lieber auf diese Weise!" (Hönig, S.13) Darauf geht er ein, nicht ohne sich vorher zu vergewissern, dass sie ihn nicht „untüchtig und unmännlich" macht.

Über Macht verfügt Kirke vor allem durch ihre Kräuter. Männer wie Odysseus können nur jagen, Tiere töten, Fleisch grillen und essen, in Unmengen und Wein trinken. Bei Odysseus wirkt das Zaubermittel nicht, weil ihm Hermes ein Gegenmittel gegeben hat, Moly genannt. Es soll sich um Schwarzlauch, allium nigrum, handeln. Kirke muss ihre Machtlosigkeit erkennen. „Dir aber ist in deiner Brust ein Sinn, der ist nicht zu bezaubern!" (Schadewaldt, S.132)

In Mittelitalien ist vielleicht die Heimat des *dolce vita*. Man lässt das Meer einfach Meer sein, man begibt sich in keine Gefahren, man macht sich und anderen keinen Stress, keinen Ärger, man genießt das Leben. Epikur, einer der wenigen griechischen Philosophen, der das zum Programm gemacht hat. Aber eine weibliche Spiritualität sucht man bei den Archaier, den Kriegern, vergebens. Odysseus, der Prototyp des männlichen Griechen, lässt sich auf keine weibliche Spiritualität ein, aber er lässt auch nichts anbrennen und besteigt mit Kirke das Lager.

Aber er muss dann doch weiter, muss hier weg, kann hier nicht bleiben. Er ist auch der Prototyp des ruhelosen Mannes, der immer weiter und weiter muss, der eigentlich niemals zu Hause ankommen kann.

Hades (elfter Gesang)

Erstaunlich finde ich, dass er von Kirke einen Ratschlag für die Weiterfahrt bekommt, nachdem sie „ein volles Jahr" das Leben bei Kirke genossen hatten. Zunächst soll er zu den Häusern des Hades fahren und dort den Seher Teiresias befragen. Für das Beschwörungsritual gibt sie ihm genaue Anweisungen. Man beachte das, Kirke gibt dem klugen Odysseus Anweisungen für ein Ritual. Rituale sind nicht sein Metier, seines sind die Navigation und der Krieg!

Mit dem Meer hat das aus meiner Sicht nicht so viel zu tun. Nach Armin Wolf befinden sich die Häuser des Hades auf Sizilien. Dort vollzieht Odysseus nach den Anweisungen der Kirke sein Totenbeschwörungsritual. Viele Seelen der Verstorbenen erscheinen ihm. Teiresias weissagt ihm die Zukunft, gibt ihm Anweisungen für sein späteres Verhalten und für Opfergaben für den Gott des Meeres, seine Mutter erklärt ihren Tod. Die Sehnsucht nach ihrem Sohn habe sie das Leben gekostet, sein Vater hingegen soll noch leben, aber zurückgezogen in Trauer. Zahlreiche Personen der griechischen Geschichte, reale und mythologische, erscheinen, die mit der eigentlichen Geschichte nicht unbedingt etwas zu tun haben.

Totenbeschwörung und Trauerarbeit ist wohl das Thema des elften Gesanges. Einen richtigen Bezug zum Gott des Meeres, Poseidon, scheint Odysseus nicht zu haben. Von einer Göttin des Meeres ist keine Rede.

Es stellt sich für mich die Frage, ob Odysseus das Meer des Unterbewussten, die Unterwelt, das Reich der verstorbenen Seelen für sich hat klären können oder nicht. Mich überzeugt es nicht. Als doch eher unspiritueller Mann ist er dazu wohl auch nicht in der Lage gewesen. Nach dem langen Beschwörungsritual fährt er zurück zu Kirke.

Erwarten könnte man eine ausführliche Beschreibung eines besonderen Ortes am Meer oder eine merkwürdige Stelle des Meeres. Aber es findet sich bei Homer nichts in der Richtung. Odysseus gelangt nur zu den „Grenzen des tiefströmenden Okeanos". (Schadewaldt, S.139)

Überall auf oder am Meer gibt es dunkle Regionen, die einen ins Reich der Unterwelt führen können. Eine Grube zu graben, in diese ein Honiggemisch, süßen Wein, Wasser und weiße Gerste zu tun, und schließlich das Blut von Schafen, das scheint mir doch recht primitiv. Odysseus vollzieht das ja auch nur nach Kirkes Anweisungen. Er ist also selbst kein „Schamane".

Ein realer, aber unheimlicher Ort am Meer könnte natürlich den Bezug zur Unterwelt triggern. Aber, wie gesagt, Homer beschreibt uns keinen solchen Ort. Es bleibt alles zu vage. Das weist für mich darauf hin, dass die Naturreligion damals bereits gar nicht richtig gelebt und praktiziert wurde. Es ist wohl am Ende nur ein literarisches Spielchen. Vielleicht wurde dieser Text viel später in den Grundtext eingefügt, von jemandem, der von dem Thema keine wirkliche Ahnung hatte. Literaturwissenschaftler, denen eine Phantasiewelt reicht, mag das nicht stören. (Welcher Faustdeuter hat sich schon ernsthaft mit der Beschwörung von

Geistern befasst?) Wer hingegen echte Spiritualität sucht, den stören die Defizite.

Sirenen, Plankten, Skylla und Charybdis und die heiligen Rinder des Sonnengottes

Nachdem Odysseus von den Häusern des Hades, wo immer die nun gewesen sein mögen (vielleicht waren es die Grotten auf Capri oder an anderer Stelle), zu Kirke zurückgekehrt ist, gibt sie ihm neue Hinweise für die Heimfahrt. Sie kennt sich in der Region aus. So warnt sie ihn vor den Sirenen, den Plankten, den Felsen, an denen Schiffe zerschellen können, vor Skylla und Charybdis, die ein Schiff verschlingen können, und schließlich vor der Rindern des Sonnengottes Helios.

Wer sind die Sirenen? Wenn man sie personifiziert, dann stellt man sich schöne Frauen vor, die einen durch den Gesang verführen, und zwar ins Verderben. Typisch, möchte man meinen. Wenn Windstille herrscht, wenn das Meer glatt und friedlich ist, dann kann man meinen, es würde einen jemand rufen, zum Ufer. Sehnsucht nach einer anderen Existenz mag einen erfüllen, einer leichteren und freieren, ohne Zwänge, vor allem ohne den Zwang, in irgendeiner Weise gewalttätig sein zu müssen. Fährt man dann Richtung Ufer, kann alles im Desaster enden, wenn man die Untiefen und Felsen unterm Wasser nicht kennt. Also muss man in diesem Fall seine Sehnsucht bezwingen, standhaft bleiben, und wenn man sich an einen Mastbaum binden lässt, wie es Odysseus tut, nach den Anweisungen von Kirke. Sie, die „Göttin", die Priesterin der Natur, ist die Kundige, die Wissende in Sachen von Gefahren und Psychologie. Will man nach Hause kommen, muss man die Hindernisse klären, seelische Unklarheiten reinigen (= Seelenbefragung in den Häusern des Hades), und hier, bei den Sirenen, darf man nicht falschen Versprechungen nachgeben.

Exkurs: schamanische Reise

Manche Autoren haben nach den realen Orten gesucht. Das kann man tun, keine Frage. Mir geht es mehr um die psychologische und spirituelle Dimension, die aber keinen Gegensatz zur materiellen Realität darstellt. Beides gehört eigentlich zusammen.

Man kann die Konfrontation mit Gefahren, die Suche nach einem Weg, auch als schamanische Reise/Suche verstehen. Um es noch einmal zu betonen, mit der Unterwelt und anderen bedrohlichen Gefahren kennt sich hier Kirke aus. Sie gibt Odysseus die nötigen Informationen. Ist sie eine schöne Göttin oder nur eine kundige Frau? Oder ist sie beides zugleich? Können oder sollten wir sie als Schamanin des Meeres verstehen? Ihre Reisehinweise wirken jedenfalls so, als würde sie auf mögliche Gefahren einer „schamanischen Reise" hinweisen. Nur, in der äußeren, materiellen Realität sind diese Gefahren allerdings auch vorhanden.

*

Die bedrohlichen Felsen, Plankten, werden bei Hönig mit dem Vulkan Stromboli in Verbindung gebracht. Skylla und Charybdis mit der Meerenge von Messina, wo es Strudel, bedrohliche Strömungen und Gezeiten gibt. All das sind bedrohliche Gefahren für den Seefahrer, vor allem dann, wenn er die Gegend zum allerersten Mal befährt. Und Odysseus fährt hier ja zum ersten Mal lang, um durch die Straße von Messina ins Ionische Meer zu gelangen. Von dort wäre dann der Weg frei Richtung Ithaka.

Die heiligen Rinder des Sonnengottes an der Ostküste Siziliens sind wieder eine Gefahr der Verführung. Er soll sie in Ruhe lassen, er soll nicht landen und er soll sie vor allem nicht töten. Hier geht es um den Frevel gegen die Natur. Während Odysseus mehr oder weniger standhaft bleibt, lassen seine Gefährten ihrer Gier nach Fleisch freien Lauf, weil sie durch den Südwind hier festgehalten wurden und nicht mit Westwind Richtung Griechenland fahren konnten. Als sie dann schließlich weitersegeln, geraten sie in einen Sturm und ihr Schiff wird zerschmettert. Nur Odysseus überlebt auf einem notdürftigen Floß. Er wird zurück zur Meerenge getrieben, meistert die Gefahren, wird dann aber in südliche Richtung getrieben, um schließlich auf der Insel Orgygia, der Insel der Kalypso, als Schiffbrüchiger zu stranden.

Manche Gefahren kann der Mensch meistern, wenn er klug und vorsichtig ist. Gier, also ein hemmungsloser Trieb, kann leicht zum Untergang führen. Frevel gegen die schöne, heile Natur ist eine Todsünde, die den Untergang erfordert. Tabubruch und Sünde gegen göttliche Gebote waren schon damals ein Thema. Auch heute sind sie ein Thema, auch wenn die mächtigen Rationalisten und Funktionsmenschen auf der Erde das nicht wahrhaben wollen. Selbstherrlich und getrieben von ihrer Gier segeln sie munter in den Untergang.

In der Odyssee verliert Odysseus alles, sein Schiff, seine Gefährten, mitgebrachten Reichtum. Er kann sich nur an sein Floß klammern, muss sich ganz den Elementen überlassen, die ihn auf dem Meer hin und her treiben, bis er schließlich auf Orgygia landet. Er hat also noch einmal das Glück des Überlebenden – sonst hätte er seine Geschichte auch nicht erzählen können.

Kalypso

Odysseus treibt neun Tage und Nächte auf dem Meer. Er strandet dann auf Orgygia, das mit der heutigen Insel Malta in Verbindung gebracht wird. Die Phönizier nannten sie Malet, was Versteck bedeutet. Kalypso ist das griechische Wort dafür.

„Auf Malta gab es – wie auch sonst im ganzen Mittelmeergebiet – einen Kult der magna mater, der Muttergöttin, hier ebenso wie bei der göttlichen Zauberin Kirke in Mittel-Italien. Homer wusste also von einer versteckt liegenden Insel, über die eine Göttin oder Priesterin herrschte. Ihre große Grotte wird als „locus amoenus", als „lieblicher Ort", von Homer dergestalt geschildert, dass sie als poetischer Topos zum Vorbild für zahllose „liebliche Orte" in der Weltliteratur wurde." Hönig, S.18)

„Doch als er (Hermes, der Götterbote) nun zu der Insel gekommen

*war, der fernen, da stieg er aus dem veilchenfarbenen Meere und schritt
landeinwärts, bis er zu der großen Höhle kam, in der die Nymphe wohn-
te, die flechtenschöne. Sie traf er an, wie sie drinnen war. Ein großes
Feuer brannte auf dem Herde und weithin über der Insel duftete der
Duft von Zeder, gut spaltbarer, und Lebensbaum, die da brannten. Doch
sie, mit schöner Stimme singend, schritt drinnen am Webstuhl auf und
ab und wob mit einem goldenen Weberschiffchen. Und ein Wald wuchs
um die Höhle, kräftig sprossend: Erle und Pappel und auch die wohl-
duftende Zypresse. Da nisteten flügelstreckende Vögel: Eulen und Ha-
bichte und langzüngige Krähen, Wasserkrähen, die auf die Erträgnisse
des Meeres aus sind. Und daselbst um die gewölbte Höhle streckte sich
ein Weinstock, jugendkräftig, und strotzte von Trauben. Und Quellen
flossen, vier in der Reihe, mit hellem Wasser, nah beieinander, und
wandten sich, die eine hier-, die andere dorthin. Und ringsher sproßten
weiche Wiesen, von Veilchen und Eppich. Da mochte alsdann ein Uns-
terblicher, der daherkam, staunen, wenn er es sah, und sich ergötzen in
seinen Sinnen. Da stand und staunte der Geleiter, der Argostöter
(=Hermes). Doch als er nun alles bestaunt hatte in seinem Mute, ging
er sogleich in die breite Höhle. Und es verkannte ihn nicht, als sie ihn
von Angesicht sah, Kalypso, die hehre unter den Göttinnen; denn nicht
unbekannt sind die Götter einander, die unsterblichen, auch nicht, wenn
einer fernab die Häuser bewohnt. Doch den großherzigen Odysseus traf
er nicht drinnen, sondern der weinte, am Gestade sitzend, wo er von je-
her, mit Tränen und Seufzern und Schmerzen, sein Herz zerreißend, immer auf das Meer, das unfruchtbare, blickte, Tränen vergießend."*
(Schadewaldt, S.64)

Kalypso hatte Odysseus gerettet, geheilt, wieder fit gemacht, wollte
ihn als Gatten sogar unsterblich machen. Aber Hermes teilt ihr jetzt
(nach sieben Jahren!) mit, dass sie ihn nach Hause schicken solle. Sie
will dem Vater aller Götter, Zeus, gehorchen und geht zu Odysseus.

*„Den fand sie am Gestade sitzend, und niemals wurden ihm die bei-
den Augen von Tränen trocken, und es verrann sein süßes Leben, während er um die Heimkehr jammerte. Doch ihm gefiel die Nymphe nicht
mehr, sondern, wahrhaftig!, er ruhte die Nächte gezwungen in den gewölbten Höhlen, ohne Wollen bei ihr, der Wollenden."* (S.66)

79

Später heißt es im Text, als Odysseus gesagt hat, dass er auch die letzten Leiden bei seiner Rückkehr noch ertragen wolle:

„...und die Sonne ging unter und das Dunkel kam herauf. Und sie gingen beide ins Innere der gewölbten Höhle und erfreuten sich an der Liebe, beieinander weilend." (S.68)

Wir haben hier einen starken Gegensatz. Die Göttin Kalypso will ihn in ihrer Höhle halten, aber Odysseus will zurück in seine Heimat. Seine Traumatisierung ist zu stark, als dass sie ihn durch schönes Leben und Liebe davon heilen und abbringen könnte. Zur Ruhe kann er wohl nur dort kommen, wo er vor vielen Jahren seinen Irrweg begonnen hatte, seinen Weg in den Krieg um Troja und seinen Weg ins Labyrinth der Seewege danach. Vielleicht sehnt er sich zurück nach der alten, klaren und patriarchalischen Ordnung. Vielleicht gefällt ihm nicht die von einer Frau dominierte, matriarchalische Welt auf der Insel der Kalypso.

Auf sexuellen Kontakt hatte er sich eingelassen, sowohl mit der Zauberin Kirke als auch mit der schönen Kalypso. Aber sie sollten nicht sein Leben und Denken bestimmen. Odysseus, der Krieger, der listenreiche Mann, will doch seinen eigenen Kopf durchsetzen, seinen eigenen Weg gehen. Bei Kirke war er mit seinen Gefährten ein Jahr geblieben, bei Kalypso, allein, nachdem er alle Gefährten verloren hatte, sogar sieben Jahre, aber seine Sehnsucht nach der Heimat ist zu stark. So baut er sich denn schließlich selbst ein Floß, nimmt Abschied und Kalypso schickt ihm guten Fahrtwind hinterher.

Odysseus gelangt zur Insel der Phaiaken, von denen er gastfreundlich aufgenommen wird. Er berichtet von seinen Irrfahrten. Schließlich fahren ihn die Phaiaken nach Ithaka, geben ihm sogar Geschenke mit.

Nachdem Odysseus die Lage auf seiner Heimatinsel erkundet hat, übt er Rachejustiz an den Freiern, indem er sie mit seinem Sohn alle tötet.

Versuchen wir eine Zusammenfassung:

- Odysseus ist ein Spielball der Naturkräfte (Wind, Strömungen), die er nicht beherrscht oder beherrschen kann.

- Odysseus kann teilweise die Naturkräfte beherrschen, aber das Fehlverhalten seiner Gefährten bringt dann das Verderben. Einmal der Neid auf seine Reichtümer, später die Gier nach Fleisch, bzw. der Tabubruch, indem sie die Rinder des Helios töten.

- Gänzlich andere Lebensweisen (Lotophagen) werden radikal abgelehnt.

- Einige Gefahren übersteht er, verhält sich aber höhnisch gegenüber Polyphemos – mit fatalen Folgen.

- Odysseus lässt sich auf Kirke und Kalypso ein, lernt aber nichts von den Frauen und übernimmt nicht deren Weltanschaung oder Natur-Religion.

- Seelische Reinigungsrituale führt Odysseus nur nach Anweisungen von Kirke durch, eigene Ideen hat er dazu nicht.

- Odysseus ist fixiert auf seine männliche Haltung gegenüber der Natur. Diese will er durch seine Intelligenz und seine Fähigkeiten als Seefahrer besiegen.

- Das Meer ist für Odysseus vor allem eine leere, weite Wasserfläche, ein Hindernis auf dem Weg nach Hause. Von einer Achtung und Verehrung des Meeres kann keine Rede sein.

- Ein neues Zuhause kann Odysseus weder bei Kirke noch bei Kalypso annehmen. Er bleibt auf seine patriarchalische Stellung auf der Insel Ithaka fixiert.

- Die Odyssee ist ein Loblied auf den männlichen Geist, obgleich wichtige Hilfen von Frauen kommen. Kirkes Hinweise auf Gefahren des Meeres. Rettung, Heilung, Stärkung und praktische Tipps für ein Floß von Kalypso. Ihr Angebot eines paradiesischen Lebens auf ihrer Insel kann und will er nicht annehmen.

Was will uns Homer sagen?

Wenn wir die Geschichte vom Ende her betrachten, dann haben wir die rücksichtslose Rachejustiz des Odysseus. Alle Freier werden gnadenlos abgeschlachtet. Ganz wie in einem Film voller Gewalt, am Ende gibt es den „showdown" und es wird abgeschlachtet. Für aggressive Menschen mag das sinnvoll sein, aber sonst?

Was hat er von seinen Erlebnissen und Erfahrungen gehabt? Hat er etwas gelernt, hat er sich verändert, hat er sich entwickelt? Vielleicht vom Kriegertypus zu einem anderen Typus, der geistige oder spirituelle Interessen hat? Nein, er ist am Ende der Krieger, der er auch am Anfang schon war. Krieg und viel Leiden haben sein Bewusstsein nicht gewandelt.

Ich halte das für sehr fatal. Betrachten wir die Geschichte des Menschen seit 4000 Jahren, dann könnten wir auch sagen, dass sich das Bewusstsein nicht wirklich gewandelt hat. Der Mensch scheint immer noch das aggressive, gewalttätige Wesen.

Vermutlich haben Generationen von Lesern in Kirke und Kalypso nur Behinderungen auf dem Weg nach Ithaka gesehen. Störende Frauen, deren Lager man zwar teilt, die aber doch für den Weg des Mannes, für seine Mission, für sein Ziel ein Hindernis darstellen. Dabei sind hier Kirke und Kalypso die interessanten Figuren, weil sie eine andere Art des Daseins und der Kultur repräsentieren, nämlich friedlich und naturverbunden. Wer sich mit dem Haudegen Odysseus innerlich identifiziert, der wird dem kaum zustimmen wollen. Und Homer war sicher mehr auf seinen Haupthelden ausgerichtet.

Odysseus vertritt, was das Meer betrifft, eine Eroberungskultur. Damals konnte er das natürlich noch längst nicht so umsetzen wie später die Spanier und vor allem die Engländer. Der globale Imperialismus kam erst viel später auf, aber die Anfänge kann man hier erkennen, auch wenn Odysseus noch mehr ein Spielball des Meeres ist. Homer vermittelt dem Leser keine positive Wertschätzung des Meeres. Das finde ich erstaunlich und enttäuschend, lebte er doch am Meer. Vergessen wir nicht, dass das Meer auch Nahrungsquelle war. Der Fischer ist wie der Jäger ein archaischer Beruf. Odysseus ist ganz Jäger. Bevor er überhaupt zu Kirke kommt, schießt er erst mal einen kapitalen Hirsch! Das ist so symbolträchtig wie die spätere Tötung der Rinder des Sonnengottes. Sein Geschäft ist der Tod, er hütet keine Tiere! So vermittelt uns Homer am Ende vor allem das Bild vom erfolgreichen Kriegermenschen, den keine Hindernisse, vor allem keine Frauen, von seinem martialischen Weg abbringen können.

Das Gegenmodell des Kultes der „magna mater" ist für Homer keine Option. Weder die Erde noch das Meer sind für ihn eine „Große Mutter". Selbst ist der Mann (= Mensch), und der Mann ist vor allem ein Kämpfer, ein Krieger, ein Held. Bis heute hat sich daran nicht wirklich etwas geändert. Das falsche Modell ist immer noch vorherrschend.

9. Thor Heyerdahl

Wenn man Tausende von Büchern besitzt, dann hat man nicht jedes präsent und manchmal entdeckt man einen Schatz. So ging es mir mit Kon-Tiki, dem Expeditionsbericht von Thor Heyerdahl. Es geht um eine Floßfahrt von Peru zu den Südseeinseln, um konkret zu beweisen, dass Polynesien von Südamerika aus besiedelt worden ist. Auch wenn das heute von keinem mehr angenommen wird, sondern dass Polynesien von Asien aus besiedelt wurde, so bleibt die Fahrt mit dem Balsafloß doch eine großartige Idee und Leistung. Auch längst vergangene Abenteuer, inzwischen sind es mehr als siebzig Jahre her, sind heute immer noch interessant.

Mich hat das Buch in seinen Bann gezogen und ich finde die Geschichte sehr spannend.

Thor Heyerdahl und seine junge Frau Liv sitzen auf der Insel Fatuhiva (eine Insel der Marquesas) am Strand und blicken aufs Meer in Richtung Osten. Fast ein Jahr (1937) lebten sie auf der Insel ein einfaches, natürliches Leben auf den Spuren der ersten Menschen. Er wollte für sein Staatsexamen die Herkunft der dortigen Fauna erforschen. Während seiner Zeit auf Fatuhiva interessierte ihn mehr und mehr die Ethnologie. Der Maler Paul Gauguin hatte um die Jahrhundertwende dort auch einige Zeit gelebt.

"Und so saßen wir wieder da und bewunderten das Meer, das anscheinend nicht aufhören wollte vorzuführen, woher es eigentlich kam, hereinrollend von Osten, von Osten, von Osten! Es war der ewige Ostwind, der Passat, der die Meeresfläche aufwühlte, sie vor sich herrollte über den östlichen Horizont herauf, hierher auf die Inseln zu, wo die Wogen sich endlich brachen zwischen Klippen und Riffen, während sich der Ostwind nur ein wenig höher hob und über die Küste, die Wälder und Berge ungehindert seinen Weg nach Westen fortsetzte, von Insel zu Insel bis gegen Sonnenuntergang. So waren auch seit Anbeginn der Zeiten die leichten Wolkengebilde von Osten her über die Inseln hinweggezogen. Die ersten Menschen, die diese Inseln erreichten, wußten wohl genau, wie es sich damit verhielt, ebenso wußten es Vögel und Insekten. Auch die Vegetation der Eilande war voll-

84

ständig von diesem Gesetz beherrscht. Es war uns wohl bewußt, daß weit, weit hinter dem Horizont dort im Osten, wo die Wolken aufstiegen, Südamerikas offene Küste lag. Es waren achttausend Kilometer bis dahin, achttausend Kilometer blanke See." (S.10)

Ein Eingeborener erzählt dem jungen Paar von einem Sonnengott, Tiki, der aus einem großen Lande hiinter dem Meer auf diese Insel gekommen sein sollte. Thor Heyerdahl war aufgefallen, dass Steinskulpturen von Tiki im Dschungel an Figuren in Südamerika erinnern.

Und so entstand langsam in seiner Seele die Idee von der Besiedelung Polynesiens aus dem Osten, von Südamerika aus. Am Anfang einer großen Sache, einer großen Reise oder sogar eines ganzen Lebens steht immer so ein zentraler Impuls, eine Idee, ein Ruf, eine Aufgabe, der man dann mit allem Einsatz folgen muss. Es gibt keinen Zweifel, auch wenn es später viele Hindernisse und Behinderungen gibt, man muss der großen Idee folgen und sie gegen alle Widerstände verteidigen und realisieren.

Neuere ethnologische Erkenntnisse machen die Idee jedoch nicht zunichte, wie mancher vielleicht denken mag. Sicher, die rasante Entwicklungen der Wissenschaften und Erkenntnisse ist weiter gegangen, das ist klar und das wissen wir. Aber eine große Idee und ein engagierter Mann, der sie realisiert, können uns immer ein leuchtendes Vorbild sein, sofern wir zu den Menschen gehören, die ein Vorbild überhaupt akzeptieren und wünschen, denn wir scheinen eher in einer Zeit zu leben, in der man keine großen Vorbilder haben möchte. Man möchte eher alles und jeden klein machen, Unzulänglichkeiten oder irgendeine böse Einstellung entdecken. Vor allem scheinen wir in einer Zeit zu leben, in der starke Männer, die ihre Idee gegen tausend Widerstände und Einwände durchsetzen, nicht mehr erwünscht sind. Mir scheint Thor Heyerdahl ein moderner Held der Meere zu sein, der für eine große Idee gebrannt und gelebt hat!

Über den Sonnengott Kon-Tiki lese ich bei Heyerdahl auf S.18 folgendes; eine Quelle der Legende wird leider nicht angegeben.

„Der ursprüngliche Name des Sonnengottes Virakocha, der scheinbar in der alten Zeit Perus verwendet wurde, war Kon-Tiki oder Illa-Tiki, was Sonnen-Tiki oder Feuer-Tiki bedeutet. Kon-Tiki war der oberste

Priester und Sonnenkönig der weißen Männer aus den Legenden der Inkas, die die ungeheuren Ruinen am Titicacasee hinterlassen haben. Die Legende berichtet, daß Kon-Tiki von einem Häuptling namens Carl angegriffen wurde, der aus dem Conquimbotal kam. In einer Schlacht auf einer Insel des Titicacasees wurden die geheimnisvollen weißen und bärtigen Männer vollständig massakriert, während Kon-Tiki selbst und seine nächsten Gefolgsleute entkamen und schließlich an die Küste gelangten, von der sie am Ende über das Meer nach Westen entkamen."

„Ich war nun nicht mehr länger im Zweifel, daß der weiße Häuptlingsgott Sonnen-Tiki, von dem die Inkas berichteten, daß ihn ihre Vorväter auf den stillen Ozean getrieben hatten, mit dem weißen Häuptlingsgott Tiki identisch war, mit Tiki, dem Sohn der Sonne, den alle Bewohner der östlichen Südseeinseln als ihren ursprünglichen Stammvater feierten." (S.19)

Ob das nun genau den Fakten entspricht oder nicht, scheint mir weniger wichtig zu sein als die Tatsache, dass Heyerdahl seiner Idee und Mission eine spirituelle Bedeutung gegeben hat. Das inspiriert und gibt enorme Kraft, die man für so ein Unternehmen auch braucht, um alle Gefahren und Hindernisse zu überstehen.

Man könnte ein wenig spekulieren. Tiki, der germanische Tius, der Tise in Tibet, dahinter könnte eine universelle Idee stecken. Sonne und Himmel, die höhere, weiße Dimension sind überall auf der Erde in Abwandlungen erkennbar. Tenger und Wanka Tanka könnte man erwähnen, aber ich will hier keine globale Vernetzung beweisen, wenn ich auch davon ausgehe, dass es sie gegeben hat.

Geht man nur vom Elementaren aus, von Feuer, Sonne, Licht und Himmel, dann sind diese Elemente überall auf der Erde erfahrbar. Überall können sie den Menschen inspirieren, überall können sie dem Menschen geistige und emotionale Kraft schenken.

Man darf aus meiner Sicht nicht zu sehr auf einen Namen oder eine Vorstellung fixiert sein. Gerade heute sollte man sich, denke ich, ganz neu dem Elementaren widmen, um dann zu sehen, was sich zeigt, was man fühlt, was man ahnt und spürt, im Herzen und in der Seele. Vielleicht hört man im Inneren einen neuen Namen.

Hier das Kon-Tiki-Symbol, von mir nachgezeichnet:

Für die Fahrt mit dem Floß waren viele Hindernisse, besonders in formaler Hinsicht, zu überwinden. Auch die Beschaffung des Balsaholzes erwies sich wegen der Regenzeit als schwierig. Die Stämme mussten oben in den Bergen gefällt werden. Sie flogen nach Quito, fuhren von dort mit einem Jeep in den Dschungel. Interessant fand ich die Begegnung mit Bergindianern, bei denen sie das Gefühl hatten, diese Menschen hätten noch keine Begegnung mit Weißen gehabt. „Es schien, als seien sowohl die Hütten als auch das braungebrannte, zerknitterte Volk, das sie bewohnte, derselben Erde entwachsen, dem kargen Andenboden, auf dem die Bergsonne glühte. Sie gehörten zu Erde und Fels, so wie die Pflanzen selbst. Arm an irdischen Gütern und klein von Wuchs, haben die Bergindianer die zähe Gesundheit des Wildes und den wachen Kindersinn der Naturmenschen." (S.57) In dieser Gegend der Naturmenschen der Berge müssen sie also ihre Baumstämme holen, um dann übers Meer nach Polynesien zu den Naturmenschen des Meeres zu fahren.

Sie fällen für das Floß „zwölf mächtige Balsariesen, alle getauft zu Ehren der polynesischen Sagenfiguren, deren Namen einmal mit Tiki von Peru übers Meer gebracht worden waren. Saftglänzend wurden die

Stämme durch den Dschungel gezogen, zuerst von Pferden und das letzte Stück von Don Gustavos Traktor, der sie bis an die Uferböschung vor dem Bungalow brachte." (S.64) Ku, Kane, Kama, Ilo, Mari, Ra, Rangi, Papa, Taranga, Kura, Kukara und Hiti, so die Namen der Bäume. Leider schreibt Heyerdahl nicht mehr dazu. Auch nicht zum Ritual der Baumtaufe, ob sie dem Baum ein Opfer gebracht haben oder nicht. Er konzentriert sich in seiner ausführlichen Beschreibung ganz auf die Taten der Männer, der Halbblutindianer, wie es heißt. Was mögen die Indianer über die ganze Aktion gedacht haben? Wir erfahren es nicht.

Über das Meer zu fahren ist die eine Seite. Die Bäume für das Floß – und die vielen, vielen Schiffe im Laufe der Geschichte – sind die andere Seite. Als Freund der Bäume gefällt es mir nicht, Balsariesen zu fällen. Aber ohne diese Aktionen im Dschungel hätte es keine Kon-Tiki gegeben. Das ist eben der „Preis".

Für unsere moderne Zivilisation zahlen wir auch einen Preis, einen hohen, und bezahlt ist noch lange nicht alles, um es einmal so zu formulieren. Damals, 1947, war man wohl noch unbekümmert. Es gab noch genug Wald, es gab noch genug große Bäume. Heute sieht das anders aus, und ich persönlich denke eher an Verzicht als an die Realisation einer Idee.

Die Balsastämme müssen über einen Fluß an die Küste gebracht werden. In einem Marinehafen wird dann aus Schutzgründen das Floß gebaut. Am Anfang wird es von einem Schlepper hinaus aufs Meer bugsiert. Auch hier wieder vor allem Aktionen. Das Floß wird natürlich getauft, aber auch das bleibt eher nur eine stereotype Aktion. Gebete oder Rituale für die Geister oder Götter des Meeres sucht man vergebens. Die sechs Männer kommen ja auch aus einer Kultur, in der man nichts dergleichen gelernt hat. Und damals sicher noch viel weniger als heute, sah man sich doch als Weißer im Gegensatz zu anderen Menschenarten und der Natur, die man bezwingen und besiegen wollte wie der Bergsteiger Hillary den Mount Everest.

Man könnte das alles als zu männlich-heroisch abtun, aber das ist deren Weg gewesen, die Verbundenheit mit den Elementen und der ganzen Natur durch Heldentaten zu erringen.

Welchen Bezug hatten die Männer zum Meer?

Einerseits war das Meer der Gegner, der Feind. Wollten sie überleben und in Polynesien ankommen, dann mussten sie gegen die Wellen und Stürme kämpfen. Andererseits bewunderten sie das Meer und seine vielfältigen Bewohner, von denen sie manche in Staunen versetzen. Auf der einen Seite spürten sie eine liebevolle Verbundenheit, und dann gibt es die böse Seite, dass sie viele Fische sinnlos töten und ihrer Mordlust freien Lauf lassen.

Man kann sich fragen, was bei ihnen überwog? Das, was beim Leser ankommt, kann ebenfalls unterschiedlich sein. Vielleicht ist es mehr die positive, vielleicht mehr die negative Seite. Das Morden (S.197-8) der Meerestiere könnte zum Abbruch der Lektüre führen.

„Je enger wir in Kontakt mit dem Meer und all seinen Geschöpfen kamen, desto weniger fremd wurde es uns und desto mehr fühlten wir uns selbst zu Hause. So lernten wir die alten Naturvölker respektieren, die Hand in Hand mit dem Stillen Ozean lebten und ihn deshalb aus einem ganz anderen Gesichtswinkel kannten als wir selbst. Uns ist es vielleicht gelungen, seinen Salzgehalt zu errechnen und lateinische Bezeichnungen für Thunfisch und Dolfin auszudenken, sie hatten das natürlich nicht. Aber ich fürchte, daß das Bild, das diese Naturmenschen vom Meer hatten, doch viel richtiger war als unser eigenes." (S.151)

Hier wird die Sicht der Naturmenschen gewürdigt, aber leider nicht genauer erklärt. Das Meer als Ursprung des Lebens zu sehen, als Lebensraum der Vielfalt, der Biodiversität, wie man es heute nennt, das liegt nahe. Manche Beschreibungen der Meerestiere von Heyerdahl gehen in diese Richtung. Das für die Nahrungskette so wichtige Plankton, also die Mikroorganismen, wird genau beschrieben. Das ganze Meer lebt. Alle leben voneinander, miteinander, auch gegeneinander durch das Jagen, aber letztendlich bleibt es ein lebendiges Netz unendlich vieler Lebewesen und Lebensformen. Das Töten von anderen, sei es durch die Haie oder durch den Menschen, der die Haie tötet, bleibt schlussendlich nur Teil eines lebendigen Wesens, das die Naturvölker personifiziert haben, weil sie es sich so besser vorstellen und erklären konnten. Heutige Begriffe mögen präziser sein, bleiben aber auch abstrakt. Ein Abstraktum kann man nicht lieben, aber eine *Mutter des Meeres* schon.

Interessant ist das, was Thor Heyerdahl über Pflanzen zu berichten weiß. Sie dienen ihm als Beweis dafür, dass Polynesien von Amerika aus besiedelt worden ist.

Die Polynesier berichten von ihren Vorvätern, dass diese Blätter einer Pflanze kauten, um den Durst und Müdigkeit zu vertreiben, außerdem sollte dann Meerwasser genießbar sein. Als Pflanze kam dafür nur Koka in Frage, das in Peru wächst.

Die Süßkartoffel soll ebenfalls aus Peru nach Polynesien gebracht worden sein. Tiki selbst mit seiner Frau Pani soll sie zu den Inseln gebracht haben.

„Und die Süßkartoffel, die Kon-Tiki mit sich auf die Inseln brachte, Hipomaea-Batatas, ist genau dieselbe, die die Indianer in Peru seit den ältesten Zeiten anbauen. Getrocknete Süßkartoffeln waren der wichtigste Reiseproviant sowohl für die Seefahrer Polynesiens als auch für die Eingeborenen im alten Peru. Auf den Südseeinseln will die Süßkartoffel nur unter sorgfältiger Pflege des Menschen gedeihen, und da sie das Seewasser nicht verträgt, kann ihre Verbreitung auf diesen isolierten Inseln kaum damit erklärt werden, daß sie 8000 Kilometer mit den Meeresströmungen von Peru abgetrieben sei. Besonders schwierig ist das Wegerklären eines so gewichtigen Indiziums, nachdem die Sprachforscher aufgezeigt haben, daß alle die zerstreuten Südseeinseln die Süßkartoffel Kumara nannten. Kumara war auch die Benennung derselben Süßkartoffel bei den alten Indianern von Peru. Der Name folgte der Kartoffel über das Meer." (S.126)

Als weiteren Beweis führt Heyerdahl den Flaschenkürbis an, Lagenaria vulgaris, eine typische Pflanze des Urwalds. Die Schale trockneten die Polynesier überm Feuer und nutzten sie als Wasserbehälter. Weiterhin erwähnt er die Kokospalme, die schon in vorkolumbianischer Zeit in Südamerika vorgekommen sein soll. Ohne menschliche Hilfe kann die Kokosnuss nicht nach Polynesien gekommen sein, da sie kein Salzwasser verträgt. Für Heyerdahl waren das schlagende Beweise. Ob man es heute anders sieht, weiß ich nicht, aber mir leuchtet das ein. Pflanzen sind fürs Leben und Überleben unerlässlich. Und Menschen, die sich aufs Meer gewagt hatten, werden sie mitgenommen haben, damit sie anderswo, auf einem neuen Eiland, das Leben beginnen konnten.

Auf ihrer Fahrt über den Pazifik erleben die sechs Männer existentielle Situationen. Wenn sie mit dem Gummiboot bei ruhiger See sich vom Floß entfernen konnten, dann erkannten sie erst richtig, wie klein ihr Floß war inmitten des unendlichen Meeres. Wie klein, wie verletzlich, wie unsicher. Weit und breit waren sie die einzigen Menschen, ganz auf sich gestellt. Ihr kleines Floß bot Sicherheit und Schutz. Vor allem die kleine Bambushütte. Draußen auf dem Meer im Gummiboot hatten sie „das Gefühl trostloser Verlassenheit" (S.162) Ihre kleine Bambushütte auf dem Floß gab ihnen hingegen das Gefühl von Schutz, Geborgenheit und Sicherheit. Außerdem konnten sie von dort über Kurzwelle Kontakt mit der Welt aufnehmen. 1947 war ein Kurzwellensender die einzige Möglichkeit, die man hatte.

Eine andere existentielle Situation war die, als einer der Männer über Bord ging. Verzweifelt versuchte er, das Floß wieder zu erreichen, was aber misslang. Schnell war er hinter dem Floß. Wenn nicht einer der Männer mit Schwimmweste und Leine ins Meer gesprungen wäre, wäre es aus und vorbei gewesen. Sie konnten die beiden Männer gerade noch zurück aufs Floß ziehen. Hinterher saß ihnen der Schock in den Gliedern.

Schnell kann man in Lebensgefahr geraten. Schnell kann man untergehen und sterben.

„Uns allen ging es noch lange eisig durch Mark und Bein, sooft wir daran dachten. Doch in das kalte Gruseln mischte sich warme Dankbarkeit, daß wir weiterhin sechs Mann an Bord waren." (S.202)

Wie viele Menschen, die über das Meer fuhren, mochten Ähnliches erlebt haben? Wie viele mochten ohne den einen oder anderen zurückgekehrt sein? Wie viele Menschen mochten auf See für immer verschwunden und verschollen sein?

Am Ende der Reise wird es besonders dramatisch. Die erste Insel Puka-Puka konnten sie wegen der Windverhältnisse nicht erreichen. Die zweite nur, indem sie sich über das Korallenriff von Raroia treiben ließen, wobei ihr Floß natürlich beträchtlichen Schaden nahm. Diese dramatische Episode beschreibt Heyerdahl ausführlich und sehr spannend. Das ist der Höhepunkt seiner Geschichte. Solch wilde und brutale Brecher des Meeres können eine ganze Reise zunichte machen. Während das Riff höchst gefährlich und destruktiv sein kann, ist die Insel hinter der Lagune still und friedlich. Immer erlebt man diesen existentiellen Gegensatz: die mögliche totale Vernichtung und die meditative Stille am weißen Strand.

Die existentiellen Situationen sind echt. Sie sind nicht ausgedacht. Das unterscheidet Bücher wie Kon-Tiki von den meisten anderen Büchern, in denen vieles mehr oder weniger ausgedacht ist. Eine echte, reale und selbst erlebte Geschichte vermag zu überzeugen.

Als sie schließlich auf die Insel ihre wichtigen Sachen gebracht hatten, mussten sie den Kurzwellensender wieder in Gang bringen. Das gelang nicht sofort und war ziemlich mühsam. Die heutige Smartphonegeneration kann sich so etwas kaum vorstellen. Da ist alles *easy,* und wenn nicht, flippen sie sofort aus. Ich weiß noch, wie ich als 14 Jähriger kleine Radioapparate gebastelt hatte, wie manchmal etwas nicht funktionierte und ich lange, sehr lange den Fehler suchte. Ihn oft nicht fand und verzweifelt war. Vermutlich hat mich das davon abgehalten, Funker zu werden. Aber die Männer auf der Insel, die unbewohnt schien, mussten unbedingt in Kontakt mit der Außenwelt kommen, sie standen also unter enormen Druck. Es musste, musste funktionieren. Schließlich gelang es ihnen. Auch das hätte, wie der wilde Ritt über das Riff, fatal enden können. Gerettet auf einsamer Insel, aber ohne Kontaktmöglichkeiten.

*

Man könnte die Geschichte der Kon-Tiki als modernes Heldenepos deuten. Da Heyerdahl in seinem Buch vor allem die äußeren Geschehnisse beschreibt, liegt das nahe. Am Ende sind alle Gefahren gemeistert und man kann feiern, erst am Zielort, später auf Tahiti.

Man kann die Fahrt der Kon-Tiki aus heutiger Sicht als eine politische Aktion verstehen. Eine Aktion des Friedens und der friedlichen Verständigung. Manche mögen es inzwischen vergessen haben, aber die Westmächte haben die Südseeregion für ihre Atombombenversuche genutzt. Der nukleare und destruktive Wahnsinn ist heute fast unvorstellbar geworden. Kon-Tiki ist demgegenüber ein Symbol der Bescheidenheit und der Vernetzung. Das Floß ist ein archaisches Gefährt. Man vergleiche das mit den gigantomanischen Schiffen von China Shipping, die heute auf den Weltmeeren herumfahren. Das Floß Kon-Tiki war nur eine winzige Nußschale! Gewissermaßen haben die sechs Männer den Menschen in der Südsee ihre eigentliche Religion zurückgebracht. Den Sonnengott Tiki. Dafür haben sie von den Polynesiern neue, wahre Namen erhalten, die ihrer Aufgabe entsprachen. Diesen Punkt kann man ebenfalls als eine Aktion des Friedens verstehen.

Machen wir uns nochmals bewusst: Der Westen war gegenüber den Naturvölkern immer brutal. Er hat ihre Naturschätze gestohlen und ihnen seine Machtreligion aufgezwungen, die er als die einzige Wahrheit bezeichnet hat. Da kann man Kon-Tiki als eine symbolische Achtung der Welt der Naturvölker verstehen. Mir gefällt diese Vorstellung viel besser, als die Fahrt nur als „Abenteuer" zu sehen.

Man könnte die ganze Geschichte aber auch als eine schamanische Initiationsgeschichte interpretieren, in der die Teilnehmer in die Geheimnisses des Meeres eingeführt werden. Am Anfang steht eine ungewöhnliche Idee, am Ende die Aufnahme der „Helden", so werden sie in der Tat gesehen, in die polynesische Gemeinschaft mit der Erteilung von neuen Namen. Während der Fahrt gibt es Aufgaben und Schwierigkeiten, die gemeistert werden müssen. Die sechs Männer machen Erfahrungen, gewinnen Erkenntnisse und Einsichten. Am Ende sind sie verwandelt, ein anderer, neuer Mensch geworden. Auf Grund des Buchtextes kann man nicht sagen, wie genau es Thor Heyerdahl verwandelt hat, aber ich bin mir sicher, dass es ihn verwandelt hat. Nicht zuletzt wurde er dadurch weltbekannt und berühmt, sodass er die folgenden Projekte angehen konnte. Diese Verwandlung ist auf jeden Fall eine Tatsache.

In keinem Buch kann alles gesagt werden. Manches will man auch gar nicht mitteilen. Was haben die Männer während der Fahrt über ihr Leben oder das Leben im Allgemeinen gedacht? Über ihre Frauen oder Partnerinnen? Was haben sie über den Sinn des Lebens und den Tod gedacht? Was haben sie darüber besprochen? Was jeder mit sich ausgemacht?

Die anderen Teilnehmer hätten ihre Geschichte erzählen können. Die Geschichte der Funker wäre vielleicht interessant gewesen, wobei es nicht nur um Technik geht, sondern um Kommunikation mit der Welt.

Als sie einmal vom Floß aufs Meer hinausfuhren und schallend lachen mussten, da haben sie vielleicht die ganze Absurdität des Unternehmens begriffen. Vieles, was der Mensch mit viel Mühen und Anstrengungen unternimmt, ist letztendlich doch ein absurder Versuch, eine Spur der Bedeutung zu hinterlassen, denn das große, weite Meer des Seins verschlingt alles wieder.

Die Schönheit und Größe, das Ungeheure und Gewaltige des Meeres, die ganze Vielfalt des Lebens haben sie buchstäblich hautnah erfahren. Man kann niemals alles verbalisieren, weil vieles eben starke Gefühle sind. Wer kann all seine Gefühle ausdrücken? Niemand! Als Leser kann man versuchen, sich einzufühlen, nachzufühlen. Die Tatsache, dass die Geschichte und das Buch die Menschen berührt haben, spricht für diesen Aspekt.

Eine gute Geschichte lässt immer Raum für eigene Deutungen, und der heutige Leser kann die suchen, die ihm zusagt.

*

Thor Heyerdahls Buch „Fatu Hiva" ist ein sehr bemerkenswerter Abenteuerbericht über das Leben in der Südsee. Viele haben sich das Leben dort als das reinste Paradies vorgestellt, viele tun es vielleicht sogar heute immer noch. Es war und ist aber keines, es ist nie eines gewesen.

Heyerdahl und seine junge Frau versuchten dort 1937 ein Leben in und mit der Natur zu führen. Einfach und elementar, auf das Lebensnotwendige konzentriert. Wie schwierig das war, zeigt das Buch eindrucksvoll auf.

Das Meer ist einerseits schön und bietet reichhaltig Nahrung. Andererseits ist es gefährlich und kann vernichtend sein. Das Meer ist ambivalent. Wenn sie nach einer Fahrt auf dem Meer wieder an Land wollten, zeigte das Meer seine ganze destruktive Kraft. Man musste bei den Landungen auf den Inseln der Südsee höllisch aufpassen, damit man nicht von den Brechern zerschmettert wurde.

Die wichtigste Lehre des Meeres bestand für Heyerdahl darin, ihm zu vermitteln, dass alles miteinander vernetzt ist. Das ganze Leben des Meeres ist eine große Vernetzung vielfältiger Lebewesen, die alle miteinander und voneinander leben. Jagen und Töten sind Bestandteile des Lebensnetzes und der Nahrungskette bzw. des Kreislaufs der Nahrung. Keiner ist Alleinherrscher, keiner kann jemals Alleinherrscher sein, auch nicht der Hai, absolut keiner. Jeder hat nur eine kleine Rolle und Funktion im großen Ganzen.

Der Mensch hat sich durch seine überzogenen Ansprüche zu sehr von der Natur entfernt, ist nicht mehr integriert, kann und will sich vorerst auch nicht re-integrieren, denn dafür müsste er seine überzogenen Ansprüche aufgeben.

Erkenntnisse gewinnt Heyerdahl durch eigene, konkrete Erfahrungen durch das sehr einfache Leben in der Natur. Das gilt auch für die Erfahrung einer „göttlichen Kraft". „War ich nicht, nachdem ich monatelang mit der Natur gelebt hatte, überall auf Beweise für übermenschliche Mächte gestoßen? Beweise für etwas überaus Realistisches, für das die Wissenschaft einstweilen noch keinen Namen geprägt hatte: die Kraft, die die Natur zur Schöpfung anregte, worauf intelligente Evolution und Erhaltung folgten." (S.181) Ich denke, dass man sich hier vor vorschnellen Gleichsetzungen mit der einen oder anderen Religion hüten sollte. Vielmehr sollte man es als **Naturerfahrung** stehen lassen, und, sofern man keine vergleichbaren Erfahrungen haben sollte, diese in und mit der Natur suchen.

Die Idee der Vernetzung aller Lebewesen, vor allem im Meer, scheint den meisten heute evident zu sein. Aber ist das nur eine abstrakte Idee, die man gut findet, oder hat man eigene, konkrete Erfahrungen gemacht?

Das Buch von Heyerdahl ist inzwischen mehr als vierzig Jahre alt, sein Jahr auf Fatu Hiva liegt mehr als achtzig Jahre zurück. Eigene Erfahrung mit der Natur zu machen, das ist aber immer noch sehr aktuell.

Die Meeres-Schildkröte

Wenn man eine Meeres-Schildkröte betrachtet, dann fallen einem die seltsamen Zeichnungen ins Auge. Diese kann man im Sinne der Vernetzung des Meeres deuten. Form und Körper der Meeres-Schildkröte vermitteln uns die schöne und tiefe Botschaft, dass alles miteinander verbunden ist. Leider verenden viele Schildkröten in den Nylonnetzen der Menschen. Umso mehr müssen wir uns auf die positive Idee der Vernetzung konzentrieren und diese als wesentlichen Bestandteil unseres Weltbildes begreifen.

Die Schildkröte verbinden wir eher mit der Erde, mit der Urzeit und der Ur-Erde. Die Schildkröte des Meeres ist wie eine Synthese der beiden großen Lebensräume auf dem Planeten, dem Land und dem Meer. Auch hier sind beide Räume miteinander vernetzt. Ohne den Regen, der vom Meer kommt, wäre das Land tot, würde von der Sonne verbrannt. Gegenwärtig (Juli 2018) gibt es in meiner Heimat viel zu wenig Regen, viel zu wenig Wind vom Meer, viel zu wenig Bewegung in der Atmosphäre. Das ist Teil der Krankheit des Klimas. Wenn ich daran denke, könnte ich die Meeres-Schildkröte als eine Art Heilerin begreifen.

Alles muss fließen, dann wird alles gut. Vertrauen in die Kräfte der Erde und des Meeres fällt heutzutage nicht leicht, weil zu vieles aus dem heilenden Gleichgewicht geraten ist. Vielleicht ist die Meeres-Schildkröte ein Tier des Gleichgewichts, der Balance, der Ausgewogenheit.

Wie jeder weiß, so hat alles seine Zeit. Auch diese Zeit wird vergehen. Auch die Störung in den Kreisläufen der Natur wird vergehen. Man muss das Eigentliche bewahren, das Wesentliche, den seelische Kern, das wahre Wissen.

Meeres-Schildkröten unternehmen ausgedehnte Wanderungen, folgen den Meeresströmungen, orientieren sich wohl am Magnetfeld oder am Lichtwinkel. Aber sie kehren immer wieder zum Strand ihrer Geburt zurück, um dort ihre Eier zu vergraben. Ihre Wanderung ist am Ende ein Kreis. Am Ende muss immer alles zu einem fließenden Kreis des Gleichgewichts werden, um gesund und harmonisch zu sein.

Vieles bedroht die Meeres-Schildkröte, nicht zuletzt das viele Plastik in den Meeren. Um so mehr sollte man vielleicht dieses schöne Tier als Mahnerin für ein gesundes Meer begreifen.

10. Hokulea – eine moderne Geschichte

Auf SPIEGEL-online lese ich einen Artikel über die Hokulea.

„Nach drei Jahren Weltumrundung ist die „Hokulea" wieder in der Heimat: Die Hawaiianer bereiteten dem Hochsee-Kanu einen begeisterten Empfand. Statt GPS navigierten die Steuermänner nur mit Sonne, Sterne und Wellen."

Das alleine finde ich faszinierend. Sich nicht auf Technik zu verlassen, sondern auf das eigene Können, die eigenen Erfahrungen, das eigene Gespür, den eigenen Instinkt!

Es mag ein Zeichen großer Intelligenz sein, präzise Instrumente zu entwickeln und herzustellen. Am Ende könnte es sich jedoch als gravierender Fehler erweisen, wenn der Mensch selbst, also der Mensch ohne Hilfsmittel, über keine Fähigkeiten mehr verfügt. Er degradiert sich zum Bediener von Maschinen. Viele Menschen sind es bereits. Sie können nur noch die Knöpfe bedienen, und halten sich dabei noch für intelligent.

„75.000 Kilometer hat dieses Boot zurückgelegt. In Sydney, Kapstadt und New York ist es gewesen. Und ganz wie es die Tradition gebietet, wiesen den Steuerleuten allein Sonne, Sterne, Wellen und Wind den Weg. Weder Kompass noch Seekarte oder GPS-Gerät durften an Bord. Selbst Uhren waren verboten."

Nur auf diese Weise kann man zeigen, was man selbst drauf hat. Nur auf diese Weise zeigt sich, wie gut man das Meer kennt, seine Strömungen, seine Winde, seine Regionen, sein Wetter, einfach alles. Nur so kann man zeigen, dass man die Natur kennt, nicht im Allgemeinen, sondern im ganz Konkreten, in den vielen, komplexen Details.

„Der 19 Meter lange Zweimaster ist ein Nachbau jener Hochseekanus, mit denen die Polynesier einst den Pazifik erschlossen haben. Vor mehr als tausend Jahren müssen die ersten Menschen, die das Vulkaneiland erreichten, mit einem ähnlichen Boot hier angekommen sein."

Das Boot soll für das „Identitätsbewusstsein der Hawaiianer" eine große Rolle spielen. Es zeigt mir deren Tradition und Können als ganz besondere Seefahrer. 1973 wurde eine Polynesian Voyaging Society

(PVS) gegründet. Man baute einen Katamaran nach. Viele Experten sollen es für unmöglich gehalten haben, damit die endlosen Weiten des Pazifiks erforschen zu können. Das ist typisch für theoretische Experten.

„Dann aber spürte die PVS auf einem kleinen Atoll in Mikronesien einen der wenigen Männer auf, die noch die überlieferte Kunst der Navigation beherrschten. Ihm gelang es damals, die „Hokulea" zielgenau ins 4200 entfernte Tahiti zu dirigieren. Auf Hawai löste dies Euphorie aus.

Es war der Beginn einer Renaissance des hawaiianischen Selbstbewusstseins als Polynesier. Viele Einheimische besannen sich plötzlich auf ihre Wurzeln als Seefahrervolk, Dutzende der „Hokulea" ähnliche Kanus wurden gebaut, junge Hawaiianer in der Kunst des Navigierens ausgebildet. Aber auch die hawaiianische Sprache und Musik erlebten eine Art Wiedergeburt."

Als Deutscher weiß ich, dass wir kein richtiges Seefahrervolk sind. Wir sind auch nicht die Nachkommen der Wikinger. Das wäre vielleicht schön, aber so ist es nun einmal nicht. Wir konnten und können in der Hinsicht der Seefahrt nicht viel. Aber von der Rückbesinnung auf die eigentliche, ursprüngliche Identität, davon können wir etwas lernen, denke ich.

Für mich gibt es bei dieser Geschichte zwei zentrale Botschaften:

* mache dich unabhängig von technischen Instrumenten
* besinne dich auf dein eigentliches Wesen und stärke so dein Selbstbewusstsein.

Den Hawaiianern kann man nur gratulieren und wünschen, dass sie sich weiter vom *American spirit* befreien.

11. Helgoland

Helgoland ist eine bekannte Insel in der Nordsee. Vor allem der rote Buntsandsteinfelsen ist berühmt und jeder hat sicher Fotos von ihm gesehen. Ob Helgoland „Atlantis" ist, wie u.a. Holger Kalweit meint, möchte ich eher bezweifeln. Und selbst wenn das der Fall sein sollte, so hätten wir damit nicht viel gewonnen. Spekulationen über die Vergangenheit helfen uns nicht weiter.

Geologische Tatsache ist jedoch, dass sich die Nordsee erst in Jahrtausenden gebildet hat, dass die Küstenlinien zu anderen Zeiten gänzlich anders aussahen als heute, dass Helgoland einst viel größer war und heute nur eine kleine Restinsel in der Nordsee darstellt.

Die Insel wird viel besucht und sie scheint mir ein Touristenmagnet zu sein. Was mögen die tieferen Gründe dafür sein? Warum zieht es so viele Besucher auf die Insel? Steckt ein archaisches Erbe dahinter?

Als um Helgoland herum noch kein Meer war, als es noch Doggerland gab, war der rote Felsen vermutlich ein magischer Ort wie heute noch der rote Felsen *Ayers Rock* in Australien. Ich könnte mir gut vorstellen, dass es einmal ein besonderer Kultort gewesen ist. Aber ich will das hier nicht beweisen und, ehrlich gesagt, interessieren mich Beweise dafür auch nicht sonderlich, weil es heutzutage darauf ankommt, was wir selbst leben, was wir anstreben und was wir überhaupt in kultureller oder spiritueller Hinsicht entwickeln wollen.

Was wollen wir?

Wenn wir nur ein Touristenziel brauchen, das wir permanent aufwendig mit Küstenschutzmaßnahmen erhalten wollen, dann haben wir auch nur das. Die Seevögel und die Meerestiere haben ganz andere Bedürfnisse und Ziele. Gute, sichere Brutplätze und ein reichhaltiges Nahrungsangebot sind für die Basstölpel, Trottellummen, Silbermöwen, Dreizehenmöwen Tordalke, Eissturmvögel etc. essentiell.

Um mich Helgoland kreativ zu nähern, habe ich zwei Aquarelle gemalt. Das erste zeigt den heutigen Zustand. Das zweite einen möglichen Zustand vor einigen tausend Jahren.

101

Helgoland

einst vor Jahrtausenden
war hier weites Land

und der rote Felsen
ragte aus der grünen Ebene empor

ein Kultberg der Menschen
die hier lebten, damals

ob sie zur Göttin HEL beteten?
der Göttin der zwei Gesichter

hell und dunkel wie Leben und Tod
wie Werden und Vergehen

wie Land und Meer
wir wissen es nicht

wenn wir nicht sein wollen
Touristen nur für kurze Zeit

müssen wir eigene Wege suchen
helle Wege und heilsame

für einen Kult des Meeres

30.8.17

Noch einmal zu der Atlantis-These:

Ich frage mich, was die Vertreter dieser These, Jürgen Spanuth und andere, damit bezwecken? Möchten sie, dass wir, die Deutschen oder die Germanen, eine wunderbare, großartige Vergangenheit hatten? Möchten sie diese Vergangenheit reaktivieren, und wenn ja, in welcher Weise? Haben sie am Ende nur ein psychologisches Bedürfnis, nämlich das der Selbstaufwertung als Kompensation für ein Minderwertigkeitsgefühl?

Die heutigen Mongolen mögen von ihrem großen Dschingis Khan träumen, ihm ein imposantes Denkmal setzen, aber ihr heutiger Zustand kann wohl kaum als großartig bezeichnet werden. Wenn sie ihre ur-eigene Kultur vernachlässigen oder langsam dem Untergang preisgeben, dann bringt die Beteuerung einer großartigen Vergangenheit nichts.

Wichtiger scheint mir die Frage zu sein, was wir heute und in Zukunft leben können, und das vor allem in kultureller und spiritueller Hinsicht. Der Materialismus, der Konsumismus, die Vermischung von Kulturen aller Art werden sich am Ende als nihilistisch erweisen, weil sie kein starkes und aufbauendes Zukunftsziel haben. Es erscheint den meisten als Hedonismus, als Spielerei mit vielen Genüssen, aber im Inneren ist diese Weltsicht hohl und leer.

Es geht, wie in obigem Gedicht von mir angedeutet, darum, eigene Wege zu entwickeln. Das kann uns niemand abnehmen. Die Vergangenheit kann uns vielleicht etwas inspirieren, viel mehr aber auch nicht, wenn wir nicht Eigenes entwickeln und leben.

Eine spirituelle Weltanschauung, die dem Meer einen würdigen Stellenwert zuerkennt, müssen wir ganz neu entwickeln. Bei der übermäßigen Bevölkerung und vielfältigen Nutzung von Helgoland ist das kaum möglich. Die Seehunde und Robben werden froh sein, dass sie ihre Strände haben. Der Naturmensch muss jedoch feststellen, dass überall der Mensch mit seinen Vorstellungen und Ansprüchen dominiert.

Albatros bei Helgoland

ein Albatros fliegt zu einem Felsen im Meer
er sucht einen Platz einen Ort der Freiheit

leer sollte er sein und hoch über dem Meer
geschützt vor Feinden und Frevlern

der rote Felsen im grünblauen Meer
er verspricht es, aber der Vogel der Meere

er war noch nicht dort, kennt nicht die Wahrheit
alles besetzt alles beherrscht – von Menschen

wo soll er landen in Ruhe und ungestört
auf dem grünen Dach des Meeres?

er wird wieder fortfliegen in die Ferne
bis er entkräftet ins Endlose fällt

Albatros bei Helgoland

Robben und Seehunde auf Helgoland

Wenn man die Robben und Seehunde auf Helgoland beobachtet, kann man die innere Verwandtschaft spüren. Wir Menschen sind auch nur Säugetiere. Wir Menschen sind nicht besser oder mehr wert.

Wer einmal im Meer geschwommen ist und eine Begegnung mit einem Seehund hatte, wird empfunden haben, dass beide Wesen völlig gleichwertig sind. Der Seehund ist natürlich besser ans Meer angepasst, als es je ein Mensch überhaupt sein könnte. Das sollte einen demütig machen. Tiefer Respekt und Achtung vor dem anderen Lebewesen scheint mir die einzig richtige Haltung zu sein.

Das Meer hat keine Augen, aber ein Seehund, ein junger Seehund hat dunkle Augen. Ihm können wir in die Augen schauen und das Dasein des anderen Tieres spüren, denn wir Menschen sind auch nur Tiere, und leider schlimme und böse Raubtiere, die alles für sich beanspruchen.

Was sagt uns der Blick eines Seehunds?

Achte mich, respektiere mich, lass mir mein Leben, meinen Lebensraum, mein Meer, meinen Strand.

Manche Helgolandbesucher nähern sich den Robben und Seehunden zu sehr. Ihr Foto oder ihr Film ist ganz wichtig! Aber bedeutsamer ist es doch, ob die wilden Tiere etwas in uns bewirken, ob wir die tiefe Ehrfurcht vor dem anderen Geschöpf aus dem Meer spüren, ob wir nichts wollen, nur die heilige Achtung vor dem anderen Lebewesen.

Die Menschenreligionen haben die Leute dazu verführt, sich zu wichtig zu nehmen. Aber die ganze Welt, die Meere und alle Tiere in ihr sind nicht für den Menschen da.

Die Kegelrobbe gehört sich selbst.

Der Seehund gehört sich selbst.

Eindrucksvoll ist es, die Verbundenheit von Muttertier und Neugeborenem zu sehen. Der tiefen, archetypischen Symbolik kann man nachsinnen. Oder man nimmt es einfach nur als schönes, bedeutsames Bild.

Wie sehr hat sich der individualisierte Mensch vom Elementaren entfernt. Wie sehr hat er sich in seiner Egomanie verloren, in seinem Wahn, er könne die Meere beherrschen, die ganze Welt, die ganze Natur, einfach alles. Gibt es Politiker, die das Herrschaftsprinzip in Frage stellen? Wohl eher nicht. Die Macht ist ihnen das Wichtigste.

Der kleine weiße Seehund will beim Muttertier trinken. So wird das Leben weitergegeben. So war es schon immer. So ist es natürlich, so ist es gut.

Es ist alles ganz einfach, wenn man die Seehunde beobachtet.

Es ist nicht kompliziert. Der Mensch hat es nur kompliziert gemacht, weil er krank im Kopf ist. Wahres Leben ist einfach.

Vielleicht hat nur ein Seehund einen klaren Kopf.

Da kann sich kein Mist ansammeln. Wer immer im Meer schwimmt, ist immer in Bewegung, ist immer im Fließen, im Strömen.

Was mögen die Beobachter der Seehunde und Kegelrobben denken? Was denken die Fotographen? Was spüren sie in ihrer Seele, auch wenn es ihnen vielleicht nicht ganz bewusst sein mag?

Das Muttertier und sein Junges.

Das archetypische Bild bleibt das Wahre.

Wenn er am Meer war, dachte er oft, dass er hier nichts mehr tun und nichts mehr erreichen müsse.

Er hatte nicht das Gefühl, eine Welt hinter dem Horizont erkunden zu müssen. Er hatte nicht das starke Bedürfnis, nach Amerika zu fahren.

Das war für Menschen im neunzehnten Jahrhundert anders, die unbedingt auswandern wollten, von Hamburg oder von Bremerhaven aus, um in der neuen Welt ein neues Leben zu beginnen. Um dort Chancen zu haben, Dinge realisieren zu können, die sie im damaligen Deutschland nicht leben und umsetzen konnten.

Wenn er ans Meer kam, an die nordische Küste oder die Küsten des Ostens, dann war er angekommen.

Der Weg war zuende!

Am Strand konnte man sein, man konnte bleiben. Wurzeln wie die Kiefern schlagen, wie die Windflüchter. Man konnte liegen bleiben im Sand wie ein großer, schwerer Findling aus der Eiszeit.

Am Strand gehen, eine andere Weise des Seins, immer weiter am Strand entlang gehen. In nördliche oder in südliche Richtung, das war egal. Wichtig war das Laufen am Rand des Großen Wassers.

Das ist sehr archaisch, erinnert tief in der Seele an die ersten Wanderungen der Menschen an den Küsten der Welt. Man wird wieder zum Urmenschen. Hat die Zivilisation abgelegt, sucht nach Dingen wie Steinen, Muscheln, vielleicht nach etwas Essbarem. Man geht und geht weiter und weiter, immer am Wasser entlang.

Oder man bleibt einfach sitzen.

Man setzt sich unter eine schöne und kraftvolle Kiefer und bleibt dort sitzen. Man sitzt dort mit dem Gefühl, dass man hier sitzen bleiben könnte, für alle Zeiten.

Wenn er das machte, dann fiel ihm immer auf, wie unruhig die meisten Menschen doch sind. Wie schnell sie wieder weitermüssen, weitergehen.

Oben auf der höchsten Düne seiner Insel konnte er die Leute am Strand beobachten. Immer gingen sie hin und her und hin und her. Je länger er sitzen blieb, desto mehr fiel es ihm auf.

Man kann das auch in der Stadt, auf einem Parkplatz, in einer berühmten Kirche, man kann es überall machen, einfach sitzen bleiben und beobachten.

Die Möwen sind ständig in Bewegung. Manchmal ruhen sie auf den Buhnen, manchmal steht eine länger auf einem der Holzpfähle, aber meistens sausen sie hin und her, wie die wehende Luft. Der Stillstand, das stille Stehen, das ist immer nur mal so dazwischen.

Unser Menschenlaufen ist eher langsam. Die Möwen sind schneller unterwegs. Schnell können sie Hindernisse überfliegen, schnell umfliegen sie einen Leuchtturm, im Sturzflug geht es hinunter zum Strand, zum Wasser, sausend fliegen sie leicht über die Wellen hinweg.

Wie lahm wir doch sind, dachte er.

Ich sitze hier auf einer Holzbank und kann nicht über die Wellen sausen!

Er wäre gerne eine Möwe, die über Wellen und Dünen sausen kann.

Die Möwen und andere Vögel, sie leben ganz mit den Elementen, sind Teil des großen Spiels der Elemente. Wir sind eher Betrachter. Metaphorisch gesprochen sitzen alle im Rollstuhl und betrachten die Welt. Die Möwen fliegen mit dem Wind, solange sie es können, dann bleiben sie irgendwo liegen und das Spiel ist vorbei.

Beim Menschen ist alles so mühsam, dachte er. Mühsam und schwer und oft wenig erfreulich, wenn man an die vielen Krankheiten und Unbilden so denkt. Alles so mühsam! Alles so schwer!

Selbst wenn man am Strand rennt oder sogar tanzt, dann nur für einen kurzen Moment. Schnell ist man außer Atem.

Die Welle ist das Meer, sagt Willigis Jäger.

Nein, dachte er. Die Welle ist nicht das Meer. Die Welle ist nur die Welle. Sie ist mal höher, mal niedriger. Bei Sturm sind die Wellen besonders hoch und peitschen gegen das Land, gegen die Deiche, gegen die Steinmauern, gegen die Dünen, und draußen auf dem Meer können sie Schiffe verschlingen.

Das Meer ist alles, was ist. Das ganze viele Wasser der Erde. Alle Meere der Welt. Es gibt keine Grenzen, wenn es auch unterschiedliche

Regionen gibt. Alles fließt und bewegt sich immerzu.

Der Mensch ist nur individualisiertes Sein, wie die Möwe, die auch für sich und ihr kleines Leben kämpft, bis sie eines Tages zurück ins Meer fällt.

Im Meer verschwindet alles wieder. Wenn wir das einzelne Leben schätzen, dann ist das Meer nicht so schön, sondern eher erbarmungslos, weil es alles in sich aufnimmt und auslöscht.

Warum schwärmen manche spirituellen Leute so von der Auslöschung, fragte er sich. Sollen es doch meinetwegen gleich vorziehen. Einfach ins kalte Meer hinaus schwimmen und ertrinken.

Den Tod durch Ertrinken hatte er sich immer schrecklich vorgestellt. Die Marinesoldaten seiner Heimatstadt, die in den Kriegen abgesoffen waren in ihren großen Schlachtschiffen, in ihren grauen Kreuzern, in ihren engen U-Booten. Was bringt da ein Name auf einer Gedenktafel? Sie sind verschwunden im kalten, dunklen Meer.

Die Welle ist das Meer – träum' weiter Willigis, dachte er. Träumt doch alle weiter eure kurzsichtigen Träume!

Das graue Meer bringt den Tod.

Das Meer ist der Tod.

Die vielen Sturmfluten. Wie viele sind ertrunken! Wie viele Fischer fanden den Tod! Und die vielen Marinesoldaten, die für nichts im eisigen Wasser das warme Leben verloren.

Wenn ich ein Seehund wäre, dann wäre das Meer meine Heimat. Aber ich bin nur ein schwacher Mensch, der an der Küste entlang läuft. Und selbst die beste Yacht ist nur eine Nussschale, nichts weiter, auch wenn sich die Besitzer einbilden, sie wären die Herren der Welt. Ihr kapitalistisches Herren-Menschentum widert mich an, schimpfte er. Es widerte ihn so an, wenn er die vielen Mega-Schiffe an seiner Insel vorbeifahren sah.

Der Seehund war nicht sein Krafttier. Er kannte niemanden, der den Seehund als Krafttier hatte. Am Ende ist das wohl eher Wunschdenken. Keiner kann so schwimmen wie ein Seehund. Keiner kann im Meer so leben und überleben wie ein Seehund. Wir alle sind ganze schwache Wesen, die es nur aus dem Urwald bis ans Meer geschafft haben. Alle

110

unsere technischen Tricks nutzen uns nichts gegen die unendliche Macht und Gewalt des dunklen Meeres. Gar nichts.

Die Welle ist das Meer, wie schön. Er hätte auch sagen können, dass alles Auslöschung von allem ist und sein wird – und das klingt dann nicht mehr schön. Das will keiner hören, aber es bleibt doch die meersalzig bittere Wahrheit.

Nimm einen Schluck Meerwasser in den Mund. Du wirst es schnell wieder ausspucken. Das Meer ist kein Süßwassersee.

12. Meditationen am Meer

Am Meer kann man wunderbar meditieren. Selbst diejenigen, die nichts von Meditation halten oder bewusst auch nichts praktizieren, meditieren doch. Das Meer zwingt in gewisser Weise dazu.

OM

die Schwingung der Welt
kann keiner besitzen

du musst sie erfahren
du musst sie erleben im tiefen Gesang

die Gierigen der Gesellschaft
alles wollen sie für sich – vergiss sie

der Klang der Welt ist älter als alles
das OM wird immer sein

Nada Brahma:
die Welt ist Klang und alles schwingt

am Meer kannst du meditieren
an der Grenze zum Universum

mehr brauchst du nicht
das Meer wird immer sein

alles ist Licht

löst sich auf im Leuchtenden

singe das OM
22.1.18

Meditation am Meer unter einer Kiefer

13. Tanzen am Meer

Als ich mich mit der Osterinsel und den Moai, den überdimensionalen Steinfiguren dort, befasste, bekam ich ein sehr ungutes Gefühl. Ich will mich damit hier nicht länger auseinandersetzen, ich frage mich nur, warum jemand auf einer relativ kleinen Insel solche starren, gigantischen Figuren in solchen Mengen meint aufstellen zu müssen. Fördern sie den Bezug zum Meer? Ich denke nicht.

Dann fiel mir Kaye Hoffman ein, eine sehr kompetente Frau, die sich mit den geistigen und energetischen Aspekten des Tanzens befasst hat. Vergleichbar mit Gabriele Roth, die den meisten wohl bekannter sein dürfte. In Hoffmans Buch „Von Göttern besessen" gibt es ein Kapitel über Yemanya, Königin der Meere, Mutter von allem. Das Buch handelt von afro-brasilianischen Göttern, Yemanya ist eine davon.

Tanzen wie die Wellen, tanzen wie das fließende, strömende Meer. Sich frei tanzen. Von aller Schwere befreit am Meer tanzen. Vielleicht eine noch intensivere Erfahrung als das Schwimmen im Meer. Kann man beim Schwimmen in Trance geraten? Beim Tanzen auf jeden Fall.

Trancetanz fand ich schon immer interessanter und motivierender als das, was man in Tanzschulen so lernen kann. Man kommt leichter in Verbindung mit den Elementen, mit Feuer, Wasser und Wind.

Es tanzt sich von alleine, wenn man am Meer ist.

Wenn man die Schuhe und die Kleidung ausgezogen hat, wenn man den Wind des Meeres spürt, den Sand an den Füßen, wenn man frische Meeresluft atmen kann und der Atem den Körper durchströmt, wenn der Himmel blau ist und die Sonne scheint, wenn die Welt einfach nur schön ist, dann tanzt es sich von allein.

Der deutsche Maler Franz Triebsch hat eine Tänzerin am Meer gemalt. Das Gemälde hängt im Kunstmuseum Ahrenshoop. Ich habe es nachgemalt, siehe nächste Seite.

Tänzerin am Meer

Manche haben das Meer mit dem Traum von Freiheit verbunden, dachte er. Für ihn war das eine Illusion. Raubzüge. Der Überfall der Wikinger auf Lindisfarne im Norden Englands am 8. Juni 793.

Holy Island. Sicher war die Insel schon vor den Mönchen aus Schottland ein heiliger Ort. Die von manchen so bewunderten Wikinger hatten nichts Besseres zu tun, als mit ihren Schiffen über die Nordsee zu fahren, um das Kloster zu überfallen, zu morden und zu rauben. Darum ging es also, nicht um Freiheit. Höchstens um die freie Ausübung von Gewalt, die ungehemmte Ausübung von Gewalt.

Andere taten es ihnen nach. Die ganze europäische Eroberungskultur über die Meere der Welt. Man segelte über die Meere der Freiheit, um den anderen Menschen ihre Freiheit zu nehmen. Besonders widerlich fand er schon immer den Sklavenhandel!

Menschen in Afrika zu stehlen, ihnen die Freiheit zu nehmen, um sie dann nach Amerika zu verschiffen, wie lebendiges Material. Dort mussten sie schuften, damit die Weißen reich und reicher wurden.

Die Wikinger, die Engländer, die Spanier, die Portugiesen, die Holländer, sie fuhren alle nicht übers Meer wegen der Freiheit, sondern weil sie erobern und ausbeuten wollten. Andere Menschen, andere Völker und Kulturen, sie wurden verachtet und zerstört. Sie wollten Gold. Sie wollten Silber, Sie wollten unermesslichen Reichtum. Sie waren unersättlich. Sie sind es immer noch: unersättlich!

Der Gipfel der Heuchelei waren die Missionare mit ihrer frohen Botschaft von der angeblichen Freiheit durch Jesus Christus. Merkwürdig, dass die Schwarzen in Amerika so tief und inbrünstig die Botschaft für sich übernahmen, sie für sich neu und anders gestalteten. So kann man die Religion der Sieger für sich umformen und sie zu einer Kraft gegen die Sieger wandeln. Aber im Grund hatte und hat Afrika eine andere Religion. Die Eroberungsreligionen Christentum und Islam passen nicht zu ihnen. Zu ihnen passt und gehört Voodoo.

Der moderne Freizeitmensch denkt auch, er könne auf dem Meer die Freiheit finden. Dabei ist er von tausend Dingen abhängig. Kann immer nur Gast auf dem Meer sein. Braucht tausend Dinge, die es nur auf dem Land gibt. Besonders abstoßend ist es bei den Superreichen mit ihren Superschiffen. Sie wollen nur ihren Reichtum und ihre Macht zur Schau

117

stellen. Sie sind Gefangene ihres Darstellungswahns, ihres totalen Machtanspruchs. Es hat nichts mit Freiheit zu tun, eher mit grenzenlosem Egoismus und unglaublicher Rücksichtlosigkeit gegenüber der Welt. Das Meer ist eine Bühne für ihre Eitelkeit!

Vielleicht bleibt der Mensch, der wirklich für die Freiheit ist, am Strand und fährt nicht über das Meer.

Er musste an die Freiheitsstatue in New York denken.

Eine Statue der Heuchelei, denn Amerika ist das Land der Rücksichtslosigkeiten, der Brutalitäten und Grausamkeiten gegen die Ureinwohner, gegen die Indianer. Das war so, das ist so!

Mit ihren Kriegsschiffen und Flugzeugen haben sie sich seit dem Zweiten Weltkrieg überall ausgebreitet.

Im Paradies der Südsee haben sie ihre Atombomben gezündet. Ein Akt der Freiheit, wie sie diese verstehen. Ich nenne es Brutalität, eine totalitäre Brutalität!

Vielleicht waren nur die Urvölker wirklich frei, die mit kleinen Schiffen an den Küsten entlang fuhren, und etwas Nahrung für ihre Familie fischen wollten. Das, was sie brauchten, nicht mehr.

Die Eroberer waren selbst innerlich nicht frei, Getriebene, Gezwungene, und sie nahmen anderen immer die Freiheit. Für Gold machten sie alles. Die Mächtigen fanden immer willige Vollstrecker. Immer und überall zu allen Zeiten der Geschichte.

Für die Urvölker war das Meer die Mutter des Lebens, dachte er, weil sie ihnen Nahrung, also das Leben, gab. Weil sie erkannten, wussten und es immer fühlten, dass im Meer das Leben zuhause ist, die ganze Vielfalt der Lebewesen, dass also das ganze Meer selbst wie ein großes Lebewesen ist, das man also achten und verehren muss, weil das Leben selbst geachtet und verehrt werden muss.

Als er auf der riesigen Düne stand und hinunter aufs Meer blickte, musste er an eine alte Liebe denken. Sie war ein richtiges Kind des Meeres, ein Kind von Neptun, war vom Sternzeichen Fisch und hieß sogar Marina. Manchmal passt alles zusammen.

Die Liebe mit ihr war wie ein Baden im Meer. Sie war ganz vom Element des Wassers geprägt, wohingegen er selbst ein typisches Wesen

118

der Luft war. Ein Wind, ein Sturm kann auf dem Meer vieles bewegen, nur die tieferen Schichten wird er nicht erreichen. Er wühlt die Oberfläche auf, mehr nicht.

Manche Frauen repräsentieren geradezu archetypische Wesen. Sie war eine Meeresnymphe, aber keine Mutter des Meeres.

Was ist der Unterschied?

Eine Nymphe ist nur eine Gespielin auf Zeit, die Mutter des Meeres bleibt für immer und sie nimmt uns im Tode zurück.

Für Männer ist es vielleicht leicht, eine Frau wie ein Meer zu sehen, zu empfinden und zu lieben, dachte er. Ob es für Frauen auch möglich ist, wusste er seltsamer Weise nicht. Vielleicht sehen sie eher den Fels in der Brandung, um eine typische, abgegriffene Metapher zu nehmen.

Das Meer ist die Dimension der Gefühle. Alles ist in Bewegung und man weiß nie, wohin die Bewegungen des Wassers, die Wellen, die Strömungen am Ende führen. Vielleicht werden wir alle immer nur hin und her geworfen wie ein Stück Holz, dachte er. Am Ende wirft uns das Meer hinaus auf den Strand.

Bei der Liebe denken viele, sie wären in ihren Entscheidungen frei und selbstbestimmt, dabei sind es die Hormone und andere Wesen im inneren Meer, die es für uns entscheiden.

Die Freiheit ist doch nur eine Illusion, dachte er.

Ein schöner Traum.

14. Phantasiereisen ins Meer

Man ist nicht immer am Meer. Wenn man nicht gerade direkt an der Küste wohnt und das Meer sehen kann, dann ist man meistens nicht am Meer.

Mancher mag nachts vom Meer träumen. Sich im Meer verlieren, verschlungen werden oder sich wohlig im warmen Element bewegen. Träume können unterschiedlich sein, die Bedeutungen dann auch. Das Unbewusste kann sich uns ins Bildern zeigen. Unsere verborgenen Gefühle, unsere Sehnsüchte und die Ängste. Jedes Bild kann eine Botschaft enthalten, kann uns einen Hinweis, einen Impuls geben. Aber wir müssen die Bilder selbst deuten, denn es geht um das je eigene Leben und Dasein.

Man kann sich Deutungen im Netz ansehen, aber man sollte sich nicht auf sie fixieren. Es gibt das Archetypische, das ist keine Frage. Grunderfahrungen haben alle Menschen gemacht, in diesem Leben oder in einem früheren, aber wir leben doch vor allem unseren individuellen Weg, und das ist gut und richtig.

Im Gegensatz zu den Träumen nimmt man sich eine Phantasiereise (oder auch eine schamanische Reise) bewusst vor, man plant sie und ist dabei wach, hat also eine gewisse Kontrolle.

Ein Problem, eine Frage, eine Aufgabe ist der Ausgangspunkt. Man sucht für ein Problem eine Lösung. Das Ziel ist eine Lösung, eine klare und realistische Lösung für den konkreten Alltag, für das normale, alltägliche Leben. Kein Phantom der Phantasie. Keine überdrehten Idealvorstellungen. Keine Träumereien von unendlicher Kraft und Energie, die gar nicht umsetzbar sind. Wir sind keine Wale und werden es nie sein. Wir sind keine Delphine, die durchs Meer springen und werden es nie sein.

Für die Phantasiereise gibt es sehr viele entsprechende CDs auf dem Markt. Man kann es auch selbst mit Hilfe eines schönen Musikstücks machen, das zum Meer passt. Auch reine Meeresgeräusche gibt es auf CD. Oder auf youtube. Heutzutage gibt es mehr als genug Möglichkeiten.

Vor 30 Jahren hatte ich mal gerade eine Cassette mit zwei Phantasiereisen in die Welt des Meeres.

Während der Phantasiereise taucht man hinab und hinunter in die andere Welt des Meeres. Man kann Krafttieren begegnen, man kann in untere Höhlen tauchen. Die Grenze ist erreicht, wenn man eine Lösung oder einfach etwas Sinnvolles gefunden hat, das man als Bild oder Erkenntnis zurück in die alltägliche Wirklichkeit nehmen kann.

Nur, wie gesagt, sich keinen Allmachts-Phantasie hingeben. Bescheiden bleiben. Der Delphin kann uns innerlich helfen, unser Leben organisiert und gestaltet er nicht. Die Meeresschildkröte kann uns einen Impuls vermitteln. Das ist gut und sinnvoll. Unser Leben ist und bleibt jedoch das eines Menschen auf der Erde. Der Besuch im Meer ist immer nur ein Besuch.

Wenn wir konkret im Meer schwimmen, dann mutieren wir nicht zum Seehund, selbst wenn wir uns pudelwohl fühlen und lange im warmen Meer herumschwimmen.

Allgemein kann man sagen, dass menschliches Leben heute zu fixiert ist. Viele sitzen den ganzen Tag auf ihrem Drehstuhl vor ihrem PC. Viele machen keine elementaren Erfahrungen mehr, draußen im Wald oder am Meer.

Die Dimension des Meeres ist die Welt des Fließens, der Strömungen, der Auflösungen, des ewigen Zuhauseseins im Wasser. Der Fluss hat einen Anfang bei der Quelle im Gebirge, und er mündet im Meer. Sein Ende, sein Tod, das ist die auflösende Integration ins unendliche Meer.

15. Das Meer von oben

Vor vielen Jahren, als es noch kein youtube gab, bin ich mal auf die Insel Wangerooge geflogen. Mit meiner Spiegelreflexkamera habe ich einige analoge Fotos gemacht. Vom Flugzeug hat man eine andere Perspektive auf das Meer. Man hat einen Überblick. Man kann die Strömungen, die Bewegungen, die Sandbänke von oben sehen. So erkennt man, wie alles im Fluss ist, dass alles immer im Fluss bleiben wird.

Man erkennt die Bemühungen des Menschen, das Strömen zu kontrollieren oder sogar zu behindern durch Dämme und Steinmauern. Die Herrschsucht des Menschen wird von oben erst richtig deutlich. Auch die Über-Nutzung und Über-Besiedelung der Küsten und der Inseln. Für Naturmenschen ist das Maß schon lange überschritten.

Heute, in den Zeiten von youtube, kann man sich viele Filme ansehen. Aufgefallen sind mir die Filme von Martin Elsen, der sich Luftbild-Fotograf nennt. Man kann sich Helgoland, Wangerooge, Juist, Amrum und vieles mehr anschauen.

Einerseits gewinnt man so eine andere Perspektive. Man erkennt die Schönheit der natürlichen Gestaltung, der Kreativität der Erde. Andererseits sieht man aber auch, wie sehr alles besiedelt und übersiedelt worden ist.

Aus meiner Sicht müsste vieles zurückgebaut und renaturiert werden. Ob der Mensch jemals zu diesem Schluss kommen wird? Ob er Konsequenzen aus der Erkenntnis ziehen wird, dass nur die Schönheit der Natur wirklich schön ist?

Die fließende Schönheit von Wasser, Schlick und Sand kann man von oben sehr gut erkennen. Vielleicht hilft uns diese neue Perspektive die Welt als fließendes Ganzes zu begreifen. Die Natur kennt keine strikten Grenzen. Das Meer ist immer in Bewegung. Der Sand wird immer hin und her geweht oder gespült. Priele entstehen und vergehen wieder. Ebenso die Sandbänke im Wattenmeer. Das Wattenmeer ist ein sich permanent verändernder Lebensraum.

Wir sollten das nicht nur hinnehmen, sondern es im Innersten akzeptieren und die Landschaft entsprechend sich selbst gestalten lassen.

Die Natur kann alles ohne uns machen.

Die Seehunde und Robben auf Helgoland können ohne uns leben.

Wer sich also Luftaufnahmen anschaut, sollte mal ganz bewusst auf die natürliche Gestaltung achten.

Befindet man sich selbst real am Strand, am Wattenmeer, kann man später auf die naturgegebenen Gestaltungen der Landschaft achten. Wir leben ja nicht als fliegende Möwe, schauen also nicht die Welt von oben. Der Blick von oben sollte unsere Einstellung ändern. Nach Jahrhunderten der Eroberung der Welt, sollten Verzicht und Rückbau das Programm für kommende Zeiten sein.

16. Der Zustand der Meere, Gedichte

Das Sterben der Meere

kein Grieche kein Germane
hätte es sich einst vorstellen können,
dass einmal ganze Meere sterben
denn zu ewig erschien es, das Meer

doch heute sind viele Regionen leergefischt
gigantische Plastikmengen in den Ozeanen
sterbende Haie mit abgehackten Flossen
Delphine tödlich gefangen in Netzen

Korallen sterben im sauren Wasser
das immer schneller immer wärmer wird
Rückgang des Phytoplanktons und
damit weniger Nahrung für alle

und weniger Sauerstoff in der Luft
die Polkappen der Erde, sie schmelzen
immer mehr immer schneller
der Blutkreislauf des Wassers stirbt

die Menschen sie reden und streiten
gefangen in ihren Süchten, ihrer Gier
wie Parasiten haben sie die Erde befallen
ihr Untergang ist längst besiegelt

den Griechen den Germanen
war es einst heilig das Meer
denn dort war die Wiege des Lebens
und der Atem der Ewigkeit

19.4.2017

Das Heilige des Meeres

sucht einen neuen Mythos
vom heiligen Meer des Lebens!

die Griechen die Römer die Germanen
sie hatten ihre Zeit

im Zeitalter der Zerstörungen
müssen wir neue Wege gehen

das Meer reinigen vom Müll
es achten und verehren

den Delphinen und Walen
ihren weiten Ozean überlassen

auch den Krabben und Muscheln
und nichts mehr räubern

einfach nur achten und
den salzigen Atem des Meeres spüren

Der Zustand der Meere

die Meere sind verdreckt
mit Plastik, Atom-Müll und Granaten
gigantische Teppiche und
Milliarden von Partikeln

die Menschen reden und streiten
veranstalten große Konferenzen
in großen teuren Hotels
mit feinem Essen und Champagner

aber das bringt nichts
denn es verändert nicht das Handeln
Streiten, eine Krankheit des Menschen,
sein Ausweichen vor der Wende

Besessene sind kranke Wesen
sie müssen verschwinden
Parasiten sind sie, wie Pilze die alles
durchziehen und zersetzen

was ist geworden nur
aus dem heiligen Meer des Lebens?
was ist geworden nur

aus dem Atem des Seins?

wer kennt noch die Achtung des Meeres?
wer lebt sie mit ganzer Seele?
wann stehst du wieder am Meer
und betest zur Mutter, zu Sedna?

wann kommt er, der neue Morgen,
der reine und lichte?

10.6.17

Ansichten vom Meer

manche sprechen vom Sterben der Meere
von Unmengen an Plastik und anderem Müll

andere philosophieren vom Meer des Lichts und
dass die Welle doch das Meer sei

die einen retten mühsam Wale und Delphine
und die Jäger betreiben ihr blutiges Geschäft

manche malen farbige Bilder
in Aquarell und in Öl

andere schauen hinunter aufs Meer
von ihrem Luxuskreuzfahrtschiff

ich sitze auf der Düne
lauschend dem Rauschen der Ur-Zeit

der leuchtende Sand er rieselt
durch meine Hände

23.06.17

17. Container in der Nordsee

Nach Frachter-Havarie

Fischer fangen Flachbildschirme

Stand: 04.01.2019 15:17 Uhr

Flachbildschirme und Sandalen - diesen ungewöhnlichen Fang machten Fischer nach der Havarie der "MSC Zoe". Für die Boote stellen die ins Meer gestürzten Container und ihr Inhalt eine Gefahr dar. Nach der Havarie des Frachters "MSC Zoe" treibt immer noch einige Fracht im Meer - und stellt eine Gefahr für Fischer und andere dar. 270 Container waren beim Sturm in der Nacht vom 1. auf den 2. Januar über Bord der "Zoe" gegangen. Fischer aus holländischen Zoutkamp fingen nun Flachbildschirme oder Sandalen, aber auch Handdampfreiniger und Kompressoren.

"Die Fischer sehen als Erste, wie es draußen unter Wasser tatsächlich aussieht", sagte ein Sprecher des Deutschen Fischerei Verbandes. Was zunächst harmlos aussehe, sei eine große Gefahr für die Fischerei. Die Gegenstände treiben zum Teil knapp unter der Wasseroberfläche und werden vom Radar nicht erfasst. Das könne bei stürmischer See zu einem erheblichen Kollisionsrisiko für Schifffahrt und Fischerei führen.

Wenn die Inhalte der Container endgültig untergegangen sind, entstehen "Hakstellen" für die Netze am Meeresboden. Durch sie würden die Netze zerrissen. Es könne aber auch zu schweren Unfällen und zum Kentern der Kutter führen. Die Reedereien der Fangflotten wollen versuchen, die verloren gegangene Ladung zu bergen. Zu bezweifeln sei, dass dabei alle 270 Container aufgespürt und entfernt werden können.

Strandgut auch auf Borkum

Inzwischen ist auch Fracht der "MSC Zoe" auf Borkum angespült worden. Niedersachsens Innenminister Olaf Lies geht davon aus, dass auch auf Juist und Norderney Strandgut des Frachters anlanden könnte. Es gelte nun, neben Umweltschäden auch Gefahren für die Anwohner und Urlauber zu verhindern und künftig mit angemessenen technischen Möglichkeiten solche Fälle zu verhindern. Für die Kosten habe der Verursacher - die Reederei - letztlich die Kosten zu tragen.

Auf den niederländischen Wattenmeerinseln werden Soldaten zu Räumarbeiten eingesetzt. In der Nacht zum Freitag war auf Schiermonnikoog ein zweiter Sack mit Peroxid-Belastung gefunden worden. Die Strände und Küsten der friesischen Inseln sind übersät mit Objekten und Verpackungsmüll aus den Containern

Quelle:www.tagesschau.de

Größere Mengen Gefahrgut in der Nordsee

Mindestens drei Container mit Gefahrgut waren von dem Riesenfrachter MSC Zoe ins Meer gestürzt. Dies sei eine große Gefahr, und zwar nicht nur für die Nordsee und ihre Küsten, warnt Marijke Boonstra, Projektleiterin Sauberes Meer bei der Stichting De Noordzee:

"Da treibt jetzt jede Menge Plastik durchs Meer, auch Verpackungsmaterial. Das alles wird durch die starke Strömung hoch zum Nordpol mitgenommen. Falls sie nicht bald gefunden werden, platzen die Container mit giftiger, chemische Fracht auf. Dies ist ein Riesenschaden für die Meeresökologie."

Niederländische Behörden haben die Registernummern der drei mit Gefahrgut beladenen Container inzwischen veröffentlicht. Wer sie entdeckt, solle die Notrufnummer 112 anrufen. Durch Sturm und hohen Wellengang waren die teils zu acht übereinander gestapelten Container gestern vom Riesenfrachter "MSC Zoe", eines der größten Containerschiffe der Welt, über Bord gegangen.

Quelle: www.tagesschau.de

Das ist wieder eine der Katastrophen in der Nordsee, mit der das neue Jahr beginnt. Teilweise ist es für die Medien wieder eine willkommene Sensation. Man nimmt sogar eine witzige Überschrift mit einer Alliteration. Man berichtet auch von dem *Run* der Leute, die was abstauben möchten. *Schnell was mitnehmen.*

Das Katastrophale kommt dabei viel zu kurz. Der Schaden für die Fischer, aber vor allem für das Meer, die Meeresbewohner, für den Zustand des Meeres, das müsste viel deutlicher herausgestellt werden.

Ich sehe den Unfall als Symptom einer total überzogenen, materialistischen Gesellschaft. Was sind das für gigantische Schiffe! Was ist das für eine Unmenge an Containern! Was sind das für Unmengen von Konsumprodukten, die von China um die Welt gefahren werden! Was ist das für eine gigantische Fahrlässigkeit! Was ist das am Ende für ein Verbrechen gegenüber den Menschen und vor allem gegenüber der Natur, dem Meer!

131

Die Medien berichten nur. Gut, das ist ihre Aufgabe. Aber reicht das aus? Ein Umweltminister sollte, aus meiner Sicht, viel grundsätzlichere Fragen stellen:

Niedersachsens Umweltminister Olaf Lies (SPD) forderte Konsequenzen aus der Havarie. Es stelle sich die Frage, wie Dutzende Container von dem Schiff über Bord gehen konnten und ob menschliches Versagen vorliege, sagte Lies dem Sender Radio FFN Angesichts der Schwierigkeit, die verlorenen Container im Meer zu orten, stelle sich die Frage nach einer Vorsorge. Denkbar sei es beispielsweise, zumindest Gefahrgut-Behälter mit Sendern auszustatten, um ein möglichst schnelles Auffinden zu ermöglichen, sagte der Minister. Zudem müsse künftig dafür gesorgt werden, dass Gefahrgut-Container auf Frachtern an Stellen gelagert werden, wo sie einem möglichst geringen Risiko ausgesetzt seien. Quelle: www.tagesschau.de

Für mich ist das nur das Nützlichkeitsdenken der heutigen Gesellschaft. Ein bisschen Verbesserung nach einem Unfall. Man denkt an technologische Ausstattung.

Ich hingegen stelle den ganzen Gigantismus in Frage. Für das normale menschliche Maß, an dem man sich eigentlich orientieren sollte, ist es alles total überzogen. Am Ende geht es um Geschäfte und die unersättliche Gier. Hinter dem riesigen Containerschiff steckt der chinesische Drache, der die Welt erobern will. Das ist keine Drachenmythologie, nein, das ist brutale Realität. Ausgebrochener Wahnsinn!

Für die wahren Kosten zahlen wir alle. Schuhe und Fernseher mögen ja billig sein. Man kann sich dauernd was Neues kaufen. Aber Plastik und Gift bleiben erst mal im Meer, verschmutzen es weiter, verseuchen es weiter.

270 Container. Eine riesige Menge. Man wird nicht alle finden. Der ganze Konsummüll wird sich im Meer verteilen.

Wie weit ist das von bescheidener Nutzung der Erde entfernt?

Wie weit ist das von wirklicher Verantwortung entfernt?

Wenn er am Meer lief, suchte er immer nach etwas. Immer suchte er den Strand ab. Was war das für ein archaisches Muster? Woher kam das? Seit wann ist es im Bewusstsein gespeichert?

Eine Muschel ist nicht nur eine Muschel.

Ein Symbol für das Meer, die Welt, das Universum.

Eine Schnecke spiegelt den kosmischen Sternenkreis.

Die Krabbe ist nicht nur eine Krabbe im Wasser, sondern ein Symbol für die krabbelnde Existenz, die einfach nur leben will.

Selbst das Plastik, die Flaschen oder die alten Netze, waren Symbole einer gescheiterten Zivilisation. Für ihn war diese Plastik-Zivilisation gescheitert. Sie hatte eine schöne Welt versprochen, aber Müll hinterlassen. Nicht die Magie der Schönheit ist ihr Zeichen, sondern der Müll des Konsums.

All die Muscheln von Jahrmillionen sind kein Müll, sondern Teil der Natur, des Kreislaufs. Am Ende ist auch das Plastik Teil der Natur, sagte ihm der Verstand, aber sein Herz hasste das Plastikzeug.

Er wollte immer nur einen reinen, einen menschenleeren Strand.

Ein leerer Strand ist die Schönheit der Natur.

In die bekannten Urlaubsorte fuhr er nicht. Dort war längst alles verhunzt und besudelt. Immer noch oder immer wieder reden sie es sich schön, weil sie die Wahrheit nicht ertragen können, nämlich die Wahrheit, dass sie das alles zu verantworten haben.

Das Kunstwerk einer Muschel ist mehr Wert als aller Menschenkram. Eine lebendige Muschel, und auch noch das tote Gehäuse, das uns eine Ahnung von der Schönheit und dem Schöpfergeist der Großen Mutter vermittelt.

Wenn er am Meer entlang lief, dann hörte er Musik. Das Donnern der Wellen und das Rauschen des Windes waren ihm Musik. Aber er hörte mehr, Tieferes, Psychedelisches, das den Kosmos widerspiegelte und zum Ausdruck brachte. Musik des Weltenraums und des Innenraums gleichermaßen. Die Musik seiner Jugend. Vorher hatte es nie Musik dieser Art gegeben, danach auch nicht. Nur ein kurzer Zeitraum in der Geschichte der Musik. Nur ein kurzes Fenster der Zeit, durch das der Weltenraum in den Innenraum hereinschien.

Wenn man am Meer geht, dann kann man den Kosmos erblicken. Das Meer kann uns den Kosmos vermitteln, wenn wir dafür offen sind, wenn wir das wollen und suchen. Die Verstandes- und Kontrollmenschen haben davor Angst. Sie wollen kontrollieren und beherrschen. Aber am Ende verschlingt sie doch das schwarze, kreisende Meer und es bleibt nur ihr Müll am Strand, bis auch der eines fernen Tages verschwunden sein wird. Das ist der Weg der Natur, es ist ihr Sein, ihr Werden und Vergehen, ihr Leben. Vernichtend ist es nur für Menschen mit einem totalen Machtanspruch. Aber der wird immer am Meer scheitern.

Hingabe an den Kosmos ist ein Weg. Entgrenzung und Auflösung.

Ein zweiter Weg ist der, sich den kleinen, unscheinbaren Dingen zu widmen. Den kleinen Garnelen, die in stehendem Wasser am Strand herumschwimmen. Oder den Seepocken auf den Basaltblocken der Buhnen. Überall leben keine Tiere und kleine Pflanzen. Die Menschen sind zu sehr auf das Große fixiert, auf das ganz Große. Allein diese riesigen Containerschiffe! Die riesigen Off-shore-Windparks!
Dabei ist das Kleine, sind die kleinen Tiere so wichtig für die Nahrungskette und das ganze Leben. Ohne sie bräche alles zusammen.

18. Das Meer und die Berge

Vor vielen Jahren war ich oft in den Dolomiten wandern. Irgendwann hatte ich erfahren, dass die hohen Berge einst Meer gewesen waren. Wie sollte man es sich vorstellen?

Die afrikanische Platte soll die Alpen aufgefaltet haben. Das Meer zwischen dem damaligen Europa und Afrika ist verschwunden. Wie soll man es sich vorstellen, wenn es um Jahrmillionen geht? Unsere Lebenszeit ist kurz und wir können uns kaum 100 Jahre richtig vorstellen.

Heute laufe ich oft über den Butterberg bei Bad Harzburg. Der Ur-Harz ist ein uraltes Gebirge. Auch er verschwand zwischenzeitlich wieder im Meer, bis er sich erneut erhob und bis heute ein kleines Gebirge in Norddeutschland darstellt.

Der Butterberg soll sich vor 80 Millionen von Jahren hochgehoben haben. Wie soll man sich so viele Jahre vorstellen?

„Als Teil des Variskischen Gebirges hob sich der Harz im Karbon vor 280 Mio. Jahren aus dem Meer. Dabei traten noch ältere Gesteine des Erdaltertums zu Tage, die bereits vor ca. 400 Mio. Jahren entstanden waren. Die Gebirgsbildung verfaltete den heutigen Harz intensiv. Später drangen die magmatischen Tiefengesteine Gabbro und Granit auf. Zu Beginn des Erdmittelalters, vor 250 Mio. Jahren, war der „Urharz" wieder eingeebnet – er sank unter den Meeresspiegel und wurde erneut von Sedimenten überlagert. Erst seit der Zeit vor ca. 80 Mio. Jahren, in der Oberkreide, hob er sich im Zuge der alpidischen Gebirgsbildung und der Öffnung des Atlantik erneut empor."

(BUND, Naturkundlich-geologische Erlebnispfade am Butterberg, S. 6)

Wenn ich über den Kamm des Butterberges aus der Kreidezeit, der steil zum Norden hin abfällt, laufe, dann stelle ich mir in der Ebene ein Meer vor. Einst war es dort. Heute haben wir eine leicht gewellte Landschaft.

„Die Geologen nennen die Zeit vor ca. 83,5 – 85,8 Mio. Jahren, in der die Butterberg-Sedimente abgelagert wurden, das Mittlere Santon. Die hier anstehenden, teilweise fossilreichen Gesteine der sog. Sudmerberg-Formation sind ehemalige Meeressande mit Geröllen, u.a. Phosphoriten und Eisenstein-Konglomeraten, und wurden während des letzten Vorstoßes des Kreidemeeres nach Süden in Richtung des heutigen Harzes abgelagert, später verfestigt und beim Aufstieg der Harzscholle herausgehoben. Die Brandung des Kreidemeeres zerschlug damals die dickbandigen Schichten des Oberen Jura, welche die Küste bildeten. Daher finden wir am Butterberg eine gemischte Fossilienfauna – neben Seeigeln, Muscheln und Amoniten des Kreidemeeres, auch Jurafossilien." (S.10)

Die durch die Plattentektonik verursachten Veränderungen der Kontinente ist schon enorm. Einst gab es den Urkontinent Pangäa. Dieser zerbrach und allmählich entstanden die Kontinente, wie wir sie heute kennen. Wie man hört, soll der Himalaya immer noch in die Höhe wachsen. Nichts wird so bleiben, wie es sich heute auf einer Weltkarte oder einem Globus zeigt.

Berge entstehen und Berge vergehen wieder. Das Wasser trägt die Gebirge permanent ab. Eines Tages sind sie im Meer verschwunden, und es sind sicher neue Berge entstanden.

Alle die über Jahrmillionen stattfindenden Prozesse entziehen sich der menschlichen Vorstellung, genauer der normalen, alltäglichen Vorstellung. Die Geologie ist nicht unsere persönliche Erfahrung. Wir sehen und erleben die Situation, ob in den Dolomiten oder auf dem Butterberg, nur jetzt und heute.

Wenn der Wind über den Butterberg weht, kann man sich vergangene Zeiten vorstellen. Der Buchenwald kann einen auch an die Wege auf Jasmund (Rügen) erinnern. Dort kann man von oben sehr schön hinunter auf die türkisfarbene bis ultramarinblaue Ostsee blicken.

Die Kreideküste wirkt auf die Seele wie eine Küste der Urzeit oder wie eine Küste in der Traumzeit. Man kann sich in ein anderes Erdzeitalter träumen. Die Buchen, die weißen, gelblichen Felsen, die Steine und Hölzer am Strand, die großen Findlinge der Eiszeit, die rundgeschliffenen Granitsteine, die Feuersteine, die Farben des Meeres, alles kann magisch auf die Seele wirken und ihr ein Zuhause und ein Heimatgefühl vermitteln, ein seelisches, menschliches Heimatgefühl, verbunden mit der Erde, der Pflanzenwelt und dem Meer.

Kreideküste auf Rügen

Besonders, wenn man die weißen Schwäne auf dem türkisfarbenem Meer beobachtet, fühlt man sich in eine andere Zeit versetzt. Dann wirkt für einen Moment alles rein und sauber, edel und erhaben.

Werden und Vergehen erscheinen hier ganz natürlich, ganz normal. Selbst die ins Meer hinunter stürzenden Buchen. Jeder weiß, dass man nichts festhalten kann. Trotzdem will es jeder. Hier will niemand, denke ich, etwas festhalten, nicht mal in Form von Fotos, auch wenn man welche macht.

Wichtiger ist und bleibt der Traum im Meereslicht. Himmel, Erde und Meer sind zu einem Traum der Schönheit verwoben. Das ist vollkommen, und mehr braucht es nicht.

19. Magische Muscheln

Muscheln sind magische Gegenstände, die uns das Meer schenkt. Jeder hat wohl schon Muscheln gesammelt. Vermutlich haben die meisten wenigstens eine Muschel zuhause. Vielleicht eine, die sie als Kind gefunden und aufgehoben haben, bis heute. So hat jeder seine Magie, sein magisches Objekt, auch wenn er es so nicht nennen mag.

Einerseits gibt es unendlich viele Muscheln, man kann sich ganze Säckchen in Dekoläden kaufen. Andererseits ist nur eine Muschel, die wir selbst an einem bestimmten Strand gefunden haben, einzigartig und für uns selbst „wertvoll"; für unsere Seele ist sie ein magischer Gegenstand.

Vor vielen Jahren hatte ich eine Venusmuschel auf meiner Insel gefunden. Als ich im Internet den Begriff eingab, sah ich, dass es viele Arten gibt. Außerdem sah ich, dass man „Venusmuscheln in Weißweinsoße" essen konnte. Für mich ist die gefundene Muschel ein magisches Objekt, für Biologen nur eine von vielen, die sie klassifizieren können. Für die Feinschmecker etwas zum essen.

An der Nordsee findet man viele Herzmuscheln. Meist sind sie ziemlich klein. An der französischen Mittelmeerküste hingegen kann man große, kräftige Exemplare (7 cm Durchmesser) finden. Eine Herzmuschel ist ein wunderbares Symbol. Man kann eine bei sich in der Brusttasche einer Jacke tragen, man kann sie dekorativ in der Wohnung platzieren oder auf einen Altar legen, man kann sie als Opfergabe für ein besonderes Ritual verwenden.

Von Anne Morrow Lindbergh gibt es den Klassiker „Muscheln in meiner Hand – eine Antwort auf die Konflikte unseres Daseins". Man kann sich an den ausgewählten Muscheln orientieren. Aber vielleicht findet man keine der von ihr behandelten Muscheln, sondern andere. Wenn man am Strand entlang geht, muss man schauen, was man findet. Unser eigener Weg ist wichtig. Wo gehen wir lang? An welchem Strand, auf welcher Insel, zu welcher Zeit, zu welcher Phase in unserem Leben?

Die Natur gibt immer Antworten auf unsere Fragen des Lebens.

Es müssen nicht die Muscheln sein, es können auch die Vögel des

Meeres, die Wellen, die Steine, der Wind, der Mond etc. sein. Was die einzelne Muschel uns zu sagen hat, das hängt von uns selbst ab. Es gibt kein festgelegtes, objektives Deutungssystem. Es kommt darauf an, dass wir selbst offen für Botschaften und Impulse sind. Den einen mag eine Herzmuschel kalt lassen und er geht einfach weiter, der andere spürt einen tiefen Lebensimpuls.

Wenn man Objekte wie Muscheln zu sammeln beginnt, dann sind oft die ersten wunderbar und magisch. Je mehr man jedoch ansammelt, desto mehr verflüchtigt sich die Wirkung. Später hat man vielleicht ganze Kisten mit Muscheln und fragt sich, was damit am Ende geschehen soll. Soll man sie zurück zum Meer bringen? Soll man sie zurück zum ursprünglichen Fundort bringen? Kann man das überhaupt in jedem Fall? Oder sollte man sie einfach an einem schönen Platz in wilder Natur „entsorgen"?

Was ich damit sagen will, man muss nicht jede Muschel vom Strand mitnehmen. Es reicht auch die intensive Betrachtung – und man lässt sie einfach dort, wo man sie gefunden hat.

Die Assoziationen bei der Herzmuschel sind vermutlich allgemein akzeptabel, Mitgefühl, Liebe, Verbundenheit, Wertschätzung, Selbstlosigkeit etc. Bei der Jacobsmuschel ist das vielleicht anders. Mir gefällt der Name schon nicht. Außerdem wird diese Muschel dann immer mit den Jacobswegen verbunden. Dadurch sind wir voreingenommen. Wir können sie praktisch gar nicht mehr neutral, neu und authentisch betrachten. Immer verhindert das Wissen eine ganz neue Betrachtungsweise.

Da hat uns eine einfache Miesmuschel vielleicht viel mehr zu sagen, die von anderen gar nicht beachtet wird. So schwer es manchmal sein mag, aber man muss immer seinen eigenen Weg suchen. Schauen, was man findet, was von uns gefunden werden will und ob das eine tiefe Bedeutung hat oder auch nicht. Die unendliche Zahl an Muscheln, die man an manchen Stränden finden kann, sind eine große Menge. Eine Einzelne, die unsere Aufmerksamkeit weckt, kann für etwas Besonderes und Magisches stehen.

Auf der folgenden Seite: eine Sammlung von auf Wangerooge gefundenen Muscheln und Steinen.

141

20. Rituale am Meer

1. Was jeder kennt, das ist natürlich das Schwimmen im Meer. Man kann sich dabei innerlich mit einem der Meereswesen verbinden, z.B. den Geist des Delphins rufen, und damit ganz anders schwimmen als zuvor.

2. Als Kind habe ich kleine Burgen aus Sand am Meer errichtet. Wenn die Flut kam, habe ich zugesehen, wie das Meer die Burg wieder zerstörte. Solange wie es möglich war, habe ich versucht, die Burg zu erhalten, aber am Ende gewann das Meer – und es sollte ja auch gewinnen. Es war ein Spiel mit dem Sand und dem Wasser. Ob man das als Erwachsener noch spielen kann? Mit den Enkeln kann man es sicher, denn für sie ist das Spiel mit dem Sand, den auflaufenden Wellen und dem Wasser noch „magisch". So kann man die „Magie" zurückgewinnen.

3. Wenn ich Leute beobachte, die mit ihrem Hund am Strand entlang laufen, dann denke ich manchmal: Warum laufen oder rennen sie nicht selbst so wild wie der Hund? Warum laufen sie nicht einfach ins Meer und freuen sich über die Elemente und das pure Leben? So mancher Hundebesitzer lässt seinen Hund das tun, was er selbst eigentlich tun sollte. Tipp: Suche eine Stelle am Meer, wo du alles machen kannst, was du willst, ganz spontan, frei und wild.

4. An den Küsten der Meere finden sich überall natürliche Dinge wie Federn, Muscheln, Steine, Hölzer etc. Man kann aus ihnen ein Mandala legen. Dieses betrachten, darüber meditieren. Am Ende den Strand wieder so herstellen, wie er vorher war. Es müssen keine Spuren bleiben. Der Sinn der Kreativität ist es nicht, Spuren zu hinterlassen.

5. Es ist immer gut, den Horizont zu betrachten. Vor allem bei Sonnenuntergang machen das oft viele. Beim Sonnenaufgang weniger, dabei kann die Zeit vorm, beim und kurz nach dem Sonnenaufgang sehr inspirierend sein.

6. Nachts am Meer sein. Ein gute Möglichkeit, sich mit der Ur-Gewalt des Meeres zu verbinden. Wenn dann noch der Mond scheint und der Strand leer ist, dann ist es perfekt.

7. Vögel oder andere Tiere des Meeres beobachten, sich mit ihnen innerlich verbinden. Schön ist es, wenn einem beim Schwimmen im Meer ein Seehund nahe kommt, oder wenn man am Strand sitzt und eine Möwe sucht unsere Nähe. Wahrscheinlich passiert das um so mehr, wenn man sich ganz natürlich und friedlich verhält, keinerlei Eroberungs- oder Erlebnisansprüche mitbringt. Letztendlich ist der Mensch nur ein Tier, keine sogenannte „Krone der Schöpfung". Es gibt keine, denn alles Leben ist nur Teil des Großen Kreises.

8. Zum Räuchern nehmen Indianer – und solche, die es sein wollen – gerne die Abalone-Muschel. Man kann sich bei Amazon ein Set bestellen, Muschel und Sage (weißer Salbei), das ganze z.Z. für 16.68€ (2019). Schamanen und andere, bei denen ich Seminare gemacht hatte, hatten immer diese Muschel. Da ich keine gefunden hatte, habe ich eine größere, dicke Austern-Schale genommen. Das geht auch. Ob das Räuchern und das Meer eigentlich zusammen passen, ist eine Frage, die man sich stellen kann. Bei der frischen Meeresluft scheint es mir eher unangemessen zu sein.

9. Die Geräusche des Meeres finde ich wichtig. Man kann sich ihnen bewusst widmen. Aufmerksam den Seevögeln zuhören, oder den brausenden Wellen am Strand. Wenn man mal die Augen schließt, kann man sich leichter auf die ganzen Klänge konzentrieren. Dann erzählen einem der Wind, die Wellen und die Möwen eine ganze Menge.

Er träumte vom Ursprung. Vom reinen Meer.

Immer wenn er von Berichten hörte, in denen es um die Verschmut-zung und die Vermüllung der Meere, wenn es um Weltkriegsmunition ging, die jetzt das Meer und damit die Fische vergiftet, dann träumte er von der absoluten Reinheit. Diese war für ihn das Gegenteil zum gegen-wärtigen Zustand.

Seine Insel – und jeder hatte vielleicht so eine Insel, die er „seine" Insel nannte – war ihm vor zig Jahrzehnten als ein Kleinod der Reinheit erschienen. Im Laufe des Lebens erkannte er dann, dass es keine reine, heile Inselwelt war, dass Gier und Unersättlichkeit herrschten, dass man mit viel Beton die Insel vor dem natürlichen Wandel schützen woll-te, weil man mit ihr große Geschäfte machen konnte. Es ging nicht um die Natur, schon gar nicht um eine heilige Natur, sondern es ging und geht immer nur um die Geschäfte.

Das Meer als Mutter oder Göttin zu sehen, das war ein Gegenmodell zu dem Modell des herrschenden Geldes. Vielleicht hatte sich der Mensch fast nur Götter des Landes geschaffen. Macht- und Herr-schaftsgötter. Geld- und Besitzgötter. Selbst das Geistige wurde oft wie ein Besitz gepriesen.

Das Meer lehrt uns, dass wir gar nichts halten können. Wir sind nur Teil einer großen Bewegung. Das Meer schwemmt Sand auf, lässt Inseln und Dünen entstehen, und nimmt am Ende alles wieder fort.

Wolf E. Matzker, geb. 1951. Mystiker, Dichter und Künstler. Er hat sich schon immer für eine Synthese und Weiterentwicklung der spirituellen Systeme eingesetzt. Dabei sind ihm die Würdigung der menschlichen Seele, die multidimensionale Entfaltung des Bewusstseins und vor allem die Wertschätzung der wilden Natur immer wichtig gewesen.

Wangerooge – Seeleninsel, naturmystische Gedichte, 2010.
Schamanismus als moderne Naturreligion – Grundlagen und Wege eines spirituellen Schamanismus, 2010
Der Wolf – Krafttier der Seele. Über den Wolf im feinfühligen Schamanismus der Natur, 2014
Adler im Schamanismus. Adler, Rabe und andere Vögel im schamanischen, naturmystischen Weltbild, 2015
Der heilige Wald. Magie, Schönheit und Spiritualität des Waldes, 2016
Heimat und Spiritualität: über Natur, Heimat und einen lokalen Schamanismus, 2017
Naturverehrung, die heilige Natur bei Goethe und anderen deutschen Dichtern, 2017
Heilige Berge: Magie, Schönheit und Spiritualität der Berge und Felsen, 2017

Die Elbe, die spirituelle Geschichte eines Flusses, privater Druck 2017
Megalith und Schamanismus, Großsteingräber in Norddeutschland und naturverbundene Spiritualität, 2018
Wodans Adler, Gedichtsammlung, 2018

Weitere Informationen unter: www.visionhill.de

Alle Fotos, Zeichnungen und Öl-Gemälde vom Autor.

Literaturverzeichnis, Internetquellen

1. **Aitmatow, Tschingis:** Der Junge und das Meer, Zürich 2009
2. **Biritz, Lisa**: Spirit der Define und Wale. Im Fluss sein mit ozeanischen Begleitern, Darmstadt 2014
3. **Elsen, Martin**: Filme auf youtube; Luftbilder
4. **Hemingway, Ernest:** Der alte Mann und das Meer, Reinbeck bei Hamburg, 2014
5. **Heyerdahl, Thor:** Kon-Tiki, ein Floß treibt über den Pazifik, Wien 1951
6. **Hoffman, Kaye**: Von Göttern besessen, Trance-Tanz als energetische Erfahrung, München 1986
7. **Hönig, Christoph**: Homers Odyssee – nur ein Schiffermärchen? Die Route der berühmtesten Seereise der Welt. Publiziert auf www.humboldtgesellschaft.de
8. **Homer**: Die Odyssee. Deutsch von Wolfgang Schadewald. Hamburg 1970
9. **Just, Katja**: Barfuß auf dem Sommerdeich. Mein Halligleben zwischen Ebbe und Flut, Hamburg 2017
10. **Latif, Mojib**: Die Meere, der Mensch und das Leben, Bilanz einer existentiellen Beziehung, Freiburg im Breisgau 2017
11. **Oftring, Bärbel und Thomas Wassmann**: An der Küste, Natur erleben, beobachten, verstehen, Bern 2013
12. **Ruland, Jeanne und Anne-Mareike Schultz**: Delfine. Lichtvolle Botschaften für uns Menschen, 56 Karten, Begleitbuch. Darmstadt 2013
13. **Rychéu, Juri**: Wenn die Wale fortziehen, Zürich 2010
14. **Wüstner, Andrea** (Hrsg.): Das Meer, Gedichte, Stuttgart 2014